育てにくい子どもを楽しく伸ばす17のコツ

発育が悪い・
言葉が遅い・学習できない
発達障害＆グレーゾーンの
わが子がぐーんと育つヒントがいっぱい

発達検査表（普及版）付き

5000家族以上の改善指導で実証！

エジソン・アインシュタインスクール協会代表
鈴木昭平

公益社団法人スコーレ家庭教育振興協会会長
永池榮吉

コスモ21

育てにくい子どもを楽しく伸ばす17のコツ◉もくじ

1

なぜ育てにくいと感じるのかQ&A24

2 家庭教育は発達検査表で始まり発達検査表で終わる

3 子どもを伸ばす主役はお母さん

4

子どもを楽しく伸ばす17のコツ——5000家族以上の改善指導でわかったこと

5

特別対談「子どもの脳は母親の潜在意識で育つ」

カバーデザイン◆中村　聡

プロローグ　「基礎能力」が身につけば、どんな子も伸びる

ここに子どもを楽しく伸ばすガイドがある

どんな親御さんでも、お子さんを育てるときには、期待と不安がつきものです。とくに、よそのお子さんとわが子を比べて、

「なんだか言葉が遅いような気がする」

「月齢の割に発達がゆっくりすぎるのではないか」

「他の子はスーパーやファミリーレストランでおとなしくしていられるのに、うちの子は言うことを聞いてくれない」

といったふうに気になります。

「うちの子は、なんだかよその子よりも育てにくい気がする」

と、不安が期待を上回ってしまうこともあるかもしれません。

おおらかに子育てをしているつもりだったのに、健診で

「発達障害の疑いがある」

などと言われて、急に不安に駆られる方もいらっしゃるかもしれません。

いずれにせよ、わが子のことで思い悩み、誰かに相談したいと考えている親御さんは、たくさんいらっしゃることと思います。私は8年間、その相談指導に当たってきていますが、直接お話しできる人数は限られています。

そこで、「この子は育てにくい」と感じているお母さんやお父さんに、子どもを楽しく伸ばすガイドとなればと考え、本書を執筆いたしました。

育てにくい理由がはっきり見えてくる

私はこれまで5000家族以上の改善指導に当たってきましたが、親が育てにくいと感じる子どもの様子をうかがっていると、発育が遅い、言葉が遅い、学習ができないといったことが多いのです。

最近は、健診で発達障害や知的障害があると言われたという親御さんも増えています。

そこで1章では、そんな親御さんからよく出てくる質問を取り上げ、私がお答えしている話をまとめました。

子どもが伸びるには、まず親が子どもに対する不安を取り除き、子育てに対する意識を変えることが第一です。それには、1章にある設問の中で、いちばん不安を感じておられるところからお読みいただくのがいいと思います。

なぜ育てにくいと感じているのか、どうしたら子どもを伸ばすことができるのか、はっきり見えてくることでしょう。

子どもの発達状態を自分で確認できる

2章では、エジソン・アインシュタインスクール協会（以下、EES協会）が独自に使用しています発達検査表の普及版を公開します。

この検査表は、私たちの教育プログラムでは「発達検査表に始まって発達検査表に終わる」と言っていいくらい重要な役割を担っています。

一般に発達検査というと、専門家が行なうものというイメージがありますが、私は、専門家が面談で数時間検査するより、毎日子どもと接しているお母さんが、そして誰より子どもの成長を願っているお母さんの目で判断したほうが、子どもの発達状態を正確に確認できると考えています。

ですから、ＥＥＳ協会で使っている発達検査表は、誰よりお母さんが利用しやすいように構成されています。２章にある検査表は、読者のみなさんが利用しやすくした普及版です。

見ていただくとわかりますように、検査表には、子どもが一人の人間として自立していくために必要な「基礎能力」を示す項目が並んでいます。その一つひとつをチェックしていくと、その能力がどこまで子どもに育っているのかが一目でわかるようになっています。

さらに、どこを伸ばさなければいけないのか、課題がはっきり見えてきて、子育ての目標がはっきりしてきます。

毎日、目の前で子どもに起こる現象だけ見ていると、不安になることもあるでしょう。しかし、そうした表面上のことに目を奪われていると、もっと大切なことを見失いかねません。それは、子どもが自立していく土台になる「基礎能力」がどこまで育っているかということです。それこそ、子どもが自ら成長していく基盤になるからです。

もっといえば、その能力が伸びていきさえすれば、どんな子どもでも大丈夫です。親御さんがそのことに気づき、実践したことで、驚くような成長を遂げている子どもたちがたくさんいます。

就学前健診で医師から「特別支援学級は絶対に無理。特別支援学校しかない」と言われていたのに、普通学級に無事に入学できたという例はほんとうにたくさんあります。普通学級で１００点満点を取れるまで学習能力が向上したという例も珍しくありません。

なかには、全国６００人の中から東大の「異才発掘プロジェクト」に選抜されたという子どもも現われています。

さらに3章と4章では、子どもを楽しく伸ばすためにぜひ実践してほしい17のコツを紹介しています。どれも、たくさんの親御さん、お母さんと接しながら、子どもたちの指導をしながらお話ししてきたものばかりです。

最後の5章には、本書の共著者である公益社団法人スコーレ家庭教育振興協会の永池榮吉会長との対談を掲載しました。家庭教育こそ子どもが育つ基地であるという考えに基づいて活動しておられますが、これはＥＥＳ協会の原点でもあります。「子どもの脳は母親の潜在意識で育つ」をテーマに、お母さんの役割について取り上げています。

子どもがぐーんと伸びる

ここで、４人の子どもたちを紹介します。どれも決して特別な例ではありません。どんなに育てにくいと親が感じていた子どもたちにも起こっていることです。

○苦手だった集団生活にも慣れてきた

（豊田蓮くん　4歳8カ月当時）

豊田蓮くんは、生後10カ月のころ、「ちょっと目が合いにくい」と親御さんが気づかれたそうです。１歳２カ月を過ぎても言葉がまったく出てこないので、お母さんは周りの子の成長を見ながら「うちの子は遅れているのかな」と感じていたといいます。落ち着きがまったくなく、自分が気になるものを見つけたら、どこでも構わずまっしぐらに向かうので、常に目を離せない状態でした。

2歳児健診をきっかけに、脳神経科を受診したところ、「自閉症」「知的障害」と診断されました。EES協会の親子面談を受けにいらっしゃったのは、4歳になって少し経ったころです。

お母さんは、とにかく蓮くんの多動に悩まされていました。しかし、面談の際に蓮くんが長時間じっと座り、私が見せるフラッシュカードに集中している姿を見て、「本当は、僕はできるんだよ！」と言われているような気持ちになったそうです。

それから5カ月も経つころには多動が収まり、情緒が豊かになってお母さんの目も見てくれるようになりました。それどころか、お母さんが悲しそうな顔をしていると心配したり、体調が悪そうだと気づいて寄り添ってくれたりするまでに成長しました。

「いちばん嬉しかったことは、蓮の方から笑いかけてくるようになり、楽しい顔をたくさん見られるようになってきたことです」

と、蓮くんのお母さん。

それまでは、幼稚園でお友達とうまく関わることができず楽しく遊ぶこともできない様子を見て、

「この子の将来はどうなってしまうのかな」

と不安になっていたそうです。

けれども、最近では同世代のお友達との過ごし方も変わってきて、最初は苦手だった集団生活にも、少しずつ慣れてきたそうです。

今は、小学校入学時に普通級に入れることを目標に頑張っています。

○授業中、先生の話を集中して聞けるようになった（小山加奈子ちゃん・仮名　8歳当時）

歩き始めるのがとにかく遅く、歩き出しは1歳8カ月だったという加奈子ちゃん。ハイハイもできなくて、長らくいざり這いでした。

1歳前後で歩き始める周囲の他の子どもを見て、お母さんは「あれ？」と引っかかるものを感じたそうです。歩き始めるのが遅い子は言葉も遅いと聞いていたとおり、言葉が出るようになったのは3歳だったそうです。

病院へは定期的に通っていたものの、小学校入学時は普通級に入りました。学習面も運動面も遅れていましたが、奇声や多動、自傷行為などの問題行動がなかったので、障害があると言われたときは、とても驚いたそうです。病院ではそのときの状態について聞かれるだけで、それ以外は特別の指導はありませんでした。

ＥＥＳ協会に面談に来られたのは、私の本に出会ったのがきっかけでした。それからわずか2カ月で、じっと座っているのが苦手だった加奈子ちゃんが、20分くらいはじっと座って話を聞いていられるようになりました。また、食事を改善するとすぐに、肩から肘にかけて出ていた発疹がきれいになってきたといいます。

学校での学習姿勢にも変化が出てきました。テストは平均20点で、時には0点をとったこともあるそうですが、算数の図形のテストで85点を取ってきたのです。ノートの筆記の文字も力強くなってきました。

苦手な体育でも、うんていの端から端まで渡れるようになり、マット運動でも後ろ回りが上手にできるようになりました。10人グループの大縄跳びで23回も跳べるようになって、これには本当にびっくりしたそうです。

お母さんに、それまででいちばん辛かったことを聞くと、

「お友達から『何をしゃべっているのかわからない』と言われてしょんぼりしている姿や、お友達とコミュニケーションができなくて何かを言われても走って逃げちゃう姿を見ると、とてもかわいそうになった」

と言います。

最近の参観日に、加奈子ちゃんが授業中、先生の話を一生懸命聞いていられたこと、ニコニコして明るい様子だったことが、お母さんにはとても嬉しかったそうです。

○言葉のやりとりがしっかりできるように

（山梨靖くん・仮名　5歳当時）

靖くんのお母さんは、妊娠中から一つの不安がありました。というのも、自身が子どものころADHD（注意欠陥障害）の診断を受けていたからです。

親や学校の友達から理解されず、「お前はバカだ、怠け者だ」と言われることもあったそうです。自分でも「ダメな人間だ」と思って生きてきた経験があるそうです。

それで「自分と同じような子どもを授かるのではないか」と心配していたのですが、元気に生まれてきた靖くんにはそうした様子が見られず安心していました。

ところが1歳のころから、こだわりの強さが見られるようになり、癇癪もしょっちゅう起こすようになりました。思いどおりにいかないと暴れて自傷行為をすることや、拒否反応を起こすようなことも出てきました。

その反面、発達は少し遅れていたものの好きなものの名称には詳しかったので、特別な才能があるのかもしれないと感じることもあったそうです。

幼稚園には入れましたが、多動があり、集団行動が苦手。行事では大泣きするなど、そのたびに、お母さんとしては針のムシロに座るような気持ちだったというのです。

4歳7カ月のときに知能検査を受けたところ、「支援学級も難しいですね。支援学校ですね」と言われました。お母さん、お父さんはどん底に落ちた気持ちになりました。しかも、通っていた病院からは具体的な治療法が示されることはありませんでした。結局、不安を抱えたまま何もできず、ただ時間だけが過ぎていったころ、EES協会のことを知って訪ねて来られました。

藁を摑むような気持ちで親子面談に臨まれたそうですが、靖くんはとても興奮していました。それでも、お母さんの決意は固く、食事の改善にも取り組みました。すると、わずか1週間で、トイレでウンチができるようになりました。また、ひどい便秘だったのに毎日お通じがあるようになりました。

いろいろな場面で我慢もできるようになってきました。それまでは自分の思いどおりになるまで落ち着いていられなかったのに、「あとで」というと納得して待てるようになったのです。

言葉の面では、それまでオウム返ししかできなかったのが、2週間後くらいから言葉のやりとりができるようになりました。「幼稚園のおやつは何だった？」と聞くと、「メロンパン」という答えが返ってくるようにもなったそうです。お友達ともいっしょに遊べるようになりました。

幼稚園の大事な行事では、いつも泣いて暴れていたため、クラスのお友達のお母さんからは避けられているように感じていたそうです。

ところが、年中さんのクリスマス行事では「キリストの生誕劇」の長い台詞を、フラッシュカードで練習して、たった3日で覚えてしまいました。そして当日は、ステージでちゃんと台詞を言えたのです。感激のあまり、担任の先生もお母さんも泣いてしまったそうです。

あまりにも短期間で劇的に改善したため、就学前の面談で、そのことを説明してもすぐに信じてもらえなかったそうです。それでも、幼稚園の先生が靖くんが改善した様子を説明してくれたので、普通学級に入れることになりました。

「社会に迷惑をかけないと生きていけないのかな」

「将来も、普通の仕事につけないだろうな」

と、お母さんは諦めかけていましたが、今では、靖くんの未来に希望をもって過ごしておられます。

○「僕は僕で良かったんだ」

（大井治くん・仮名　17歳当時）

治くんは、10歳で高校生レベルの理解力があったほど言語理解力は高かったそうですが、小学校6年生になっても掛け算の九九の7の段が覚えられないといったふうで、できることとできないことの開きが大きかったようです。

9歳のときにアスペルガーと診断されましたが、普通の子としてすくすくと育てられていました。

ところが10歳半のときに家族でアメリカへ引っ越しし、3年間現地の私立のミッションスクールに入学した際、先生とうまくいかなかったことと、お友達に不幸があったことが重なり、自分の殻に閉じこもるようになってしまったのです。

お母さんと治くんがEES協会を訪ねて来られたのは、治くんが15歳の時です。そのときは、治くんの感覚が敏感すぎて、お母さんとしては、どう接したら良いかわからないといった様子でした。

その後、感覚過敏がだいぶ軽くなり、高校生活も元気に過ごせるようになっていきました。その後、私がすすめた東大の「異才発掘プロジェクト」に応募したところ、見事「ホームスカラー」に採択されました。

治くんは、「ホームスカラー」として2年間を過ごしましたが、自分の自信を取り戻す時間にもなったようです。

最初は、「息子の状態がなんでこうなったのかわからない」と、親子は闇の中で孤独に戦っていましたが、「ホームスカラー」に採択されてからは、「僕は僕でよかったんだ」と感想を言うまでになりました。その言葉が、お母さんの印象にいちばん強く残っているそうです。


先にお話ししたように、4人の子どもたちに共通していることは、親御さんが子どもの自立の土台になる基礎能力を伸ばす働きかけを続けたことです。基礎能力が育つと、あとは子どもが自分の力で才能を伸ばしていきます。天才性を発揮することだってできるのです。

本書には、そのために必要な内容が詰まっています。さあ、ごいっしょに希望に満ちた子どもの未来に向かって一歩を踏み出しましょう。

1

なぜ育てにくいと感じるのかQ&A24

お母さんは、子育てで何度も不安な思いをします。それこそ妊娠中から何度も、

「元気に生まれてくれるだろうか」

という思いに駆られます。無事に出産を終えたら、今度はようやく出会えたわが子を愛おしく思うほど、

「元気に育ってくれるだろうか」

と不安でいっぱいになります。

月齢が進むにつれて他の子と比較し、

「同月齢の他の子に比べて、うちの子の発達具合は遅れているのではないか？」

「よその子にはできることが、なぜうちの子にはできないのだろう？」

と心配になることもあるのではないでしょうか。


私はこれまでエジソン・アインシュタインスクール協会（以下、ＥＥＳ協会）を中心に、たくさんの親御さん、とりわけお母さんたちと接してきました。そのなかで、とくに強く感じてきたことがあります。

それは、お母さんが〝不安〟を抱えた子育てをしていると、子どもの成長に影響する

ということです。なかでも

「うちの子は、よその子に比べて、なんだか育てにくい気がする」

と思っていると、子どもは敏感にお母さんの不安を感じとってしまいます。それが子どもの脳を混乱させてしまうのです。

なかでも、発育が遅い、言葉が遅い、学習できない、発達障害があるかもしれない、だから育てにくいのではと親が感じている子どもは、とても脳が敏感な場合が多いのです。ふつうの子ども以上に、親の不安も敏感に感じてしまいやすいのです。

目の前にいる子どもがどんな発達障害をもっていても、「子どもの可能性を100％信じる」と親の意識を変えれば、必ず子どもは伸びます。私は面談のはじめに必ず、そのように親御さんにお伝えしています。

そのうえで、不安に思っていること、悩んでいること、迷っていることに一つひとつお答えしながら、お子さんを楽しく伸ばすコツをお伝えしています。ここでは、面談でとくによく寄せられる質問を取り上げ、私がふだんお話ししていることを読者のみなさんにもお知らせしたいと思います。

Q1

子どもが育てにくくて困っていることを周囲にもらしたら、同情して哀れんではくれるけれど、目の前の子どもは少しも変わらない。どういうふうに向き合えばいいのでしょうか?

世間には、自身の育児経験だけに基づいて、他の親の子育てを非難する無責任な人がいるものです。しかし、その子の生育に責任を持って何かを言っているわけではないでしょう。

ですから、相手にしなくても良いのです。これは、友人、知人以外に、自分の父母や兄弟姉妹といった親族でも同じです。

なかには、口調はきつくても責任感を持ってしっかりアドバイスしてくれる人もいます。非難しているわけではなく、親身に思ってくれているのです。そんなアドバイスならば、自分たち親子のことを大切に思ってくれているのだと考えて、参考にさせてもらえばいいと思います。

親の意識は子どもの発達に決定的な影響を及ぼします。にもかかわらず、育てにくいと感じるような子どもを持つと、親はとても不安になりますし、考え方がネガティブになりやすいのです。

とくにお母さんは、「私のせいで、この子はこうなったのだ」と自分を責めていることがほんとうに多いのです。しかし、自分を責めてもそこからは何も生まれません。

最初にできることは、後でも述べますが、笑顔になることです。ＥＥＳ協会がサポートしている改善プログラムを行なう際も、笑顔で行なうことが絶対の条件です。笑顔が作れなければ、やってはいけませんとまで指導しています。

笑顔でやらなければ、どんなに効果的に思える教育法でも、敏感な子どもは「嫌なこと」と勘違いしてしまうからです。

どうしても笑えないときは、鏡を見て口角をちょっと上げてみてください。それだけでも副交感神経が働きますし、リラックスできます。そんな笑顔でも、子どもの反応は違ってきます。

Q2

気に入らないことがあると暴れたり、奇声を発したりします。どう対処したら良いのでしょうか?

奇声を上げる、落ち着いて座っていられない、目が合わない、言葉が遅れるなどの反応はすべて、右脳が敏感すぎて右脳と左脳のバランスがとれないために起こっているといえます。

たとえば、右脳が音に敏感になっている子どもは、ふつうの子どもだったら気にも留めない音にも反応してしまいます。それがストレスとなり、声をかけられても焦点を合わせられず、子どもはあっちのほうを向いているといった現象が起こってくるのです。これは裏を返せば、音にかぎらず右脳が高機能を発揮しているからだともいえます。そのため、ふつうの子どもなら反応しないようなわずかな右脳への刺激にも豊かに反応できるのです。

問題は、それを自己コントロールする基礎能力が不足していることにあります。基礎能力については2章でお話ししますが、この能力が身についてくると、自己コントロールできるようになり、落ち着いてきます。

Q3

知らない人の中にいると、パニックになって周りに迷惑をかけてしまいます。できるだけ人が集まるところには行かないほうが良いのでしょうか？

どんな子どもでも、社会化するためには、まず「我慢」が必要です。学校生活や社会生活で最低限の基礎となる能力である「我慢」ができなければ、周囲に迷惑をかけたり不快感を与えたりします。その結果、外出を制限されたりするなど、不必要な努力や不快な状況などを強いられることにもなります。

人は誰しも社会の一員として生活していかなければなりません。人の中に入っていけなければ社会で生活できません。ですから、最低限の我慢を一刻も早く身につける必要があります。

とくに敏感な子どもたちは、ほかの子ができることが自分だけできないという経験をすることが多いのです。そのたびに叱られると、ますます不安になり、それがストレスになります。そのために五感がさらに過敏になり、脳はますます混乱して自己コントロールができなくなってしまうのです。

こうなると、さらに問題行動を起こしてしまうという悪循環を招きやすくなります。

ですから、問題行動を改善するには、そもそもの原因となる「不安」を取り除かなければなりません。というより、不安に打ち克つ強さを身につけなければなりません。そのためには、家庭教育によって脳内に「我慢の回路」を作ってあげることも必要なのです。

そのためのコツがあります。詳しい内容は4章でお話ししますが、ここでは「我慢の回路」を作るのに有効な5つの魔法の言葉を紹介します。

①あなたは、楽しく我慢ができます
②あなたは、楽しく挨拶ができます
③あなたは、楽しく思いやることができます
④あなたは、楽しく学べます
⑤あなたは、運がいい。ツイています

この5つの言葉を使っていると、子どもは我慢することは辛いことではなく、自分にプラスになることだと理解できるようになっていきます。それにつれて脳内には「我慢の回路」が形成されます。

Q4

できないことにばかり目がいく。できることにもっと目を向けようと思っていても、何かあると「どうしてこんなこともできないの」と思ってしまいます。気持ちを切り替えるにはどうしたらいいのでしょうか？

私のところへ来たお母さんには必ず、お子さんのよいところを10個書いてもらっています。ところが、10個どころか一つも出てこないというお母さんも少なくありません。その理由は、お母さんの考えている「いいところ」「ほめること」の基準が高すぎるからです。

子どもが存在していること、生きていることをもっと喜ぶべきではないでしょうか。まず、そこまでハードルを目いっぱい下げてみてください。すると、たとえ小さなことでも「こういういいところもある」と思えることがたくさん見えてくるはずです。「ごはんをおいしく食べられる」「笑顔がとてもいい」「歌が上手」「動物が好き」「元気に走り回って遊べる」など、なんでもいいのです。

今すぐにお子さんのよいところを探して、ほめましょう。たくさんほめることはとても大切です。

親になるとは、〝親業〟ではなく〝親修行〟をすることです。だから、辛いのは当たり前です。でも、それを乗り越えると、必ず子どもの幸せが待っているのです。

あなたを修行させるために子どもがいて、子育てすることは人生を深く学ぶ機会になっているのです。

親修行を乗り越えたときに、あなた自身の人格のレベルが上がっていると考えたら、喜ぶべきことがどんどん出てくるのではないでしょうか。

Q5

他の子とはちょっと違う行動や反応を示すわが子をどう理解し、支えていけば良いのでしょうか？　子どもの可能性をどうしたら信じられるようになるでしょうか？

自分の子どもと他の子どもを比較して、できないことが一つでもあると、心配でしかたなくなる親は意外に多いと思います。

でも、子どもをよく見てあげてください。どんなに小さなことでも、必ずできていることがあります。もうちょっというところもあります。それに気づいたら、少しでもできるところから伸ばしてあげてください。

親の期待心から、これくらい他の子と同じようにできてほしいと求めてしまうと、なかなかできるようになりませんし、子どもにはストレスになってしまい、逆効果です。

脳には部位によっていろんな機能がありますが、それらは互いに連動しています。たとえば運動野を伸ばすと、隣接する言語野も鍛えることになるのです。

ですから、子どもがやりやすいところからはじめたほうがいいのです。それによって、該当する脳の部分が伸びるだけでなく、脳の他の部分も連動して伸びていきます。伸ばせるところから伸ばせば、他のことでも伸びてくるのです。

できることが増えてくると自信がつくので、子どもはさらに意欲的に取り組むようになります。

できたら必ず認めてほめてあげてください。もっと自信がつきますし、やる気を高めることにもなります。たまたま一回だけできたことでも、ほめてあげると自信につながります。

ところが、ほめているのに子どもの自信につながっていかないのはなぜかと、相談されることがあります。

それは、親との信頼関係がうまく築かれていないからです。まず、子どもが信頼を寄せやすいように接してあげることを心がけてください。

現在の教育は、18世紀後半の「強い軍隊を作るための教育」が土台になっています。軍隊の規律に則って、司令官の思い通りに戦わせるための教育です。しかし、今後必要になるのは、強い兵隊をつくろうとストレスをかける教育ではなく、大脳生理学に則った教育です。

脳が敏感な子どもであれば、まず右脳に働きかけ、そこから左脳を伸ばしていきます。得意なところがあれば、そこを伸ばしていきながら社会生活に適応できるようにしていきます。

これから求められるのは、そういう科学的教育です。

Q6 発達障害が疑われる子どもにはどんなサインがありますか？

他の子とちょっと違う、と感じたら、一日も早くそれに対処した教育を行なうことが大切です。一般に知的障害の有無の客観的基準は、就学前で「知能指数」が75ないし70以下とされます。しかし、就学前の早い段階でも、発達障害に関する気になるサインは現われます。

次のようなサインを、判断の参考にしてください。

(1)母親と目を合わせない

お母さんと目を合わせないということは、お母さんからの大切な情報が入力されず、脳への伝達もできていない状態を示しています。その結果、脳の神経回路の形成が進みにくくなりますから、それだけで、知能面の発達が遅れます。

「この子は人と目と目を合わせないな」と気づいたら、まずは、発達障害を疑ってみる必要があります。

(2)異常に夜泣きをする

普通の赤ちゃんも、おっぱいが欲しくなったり、オムツが汚れたりしたら、夜泣きをします。ですから、大切なのは夜泣きの理由です。

おっぱいやオムツ以外の理由で、しかも異常に頻繁に夜泣きする場合には、注意が必要です。というのも、こうした夜泣きの原因は、日中に受けたストレスによるものが多いからです。日中のストレスを解消しきれずに蓄積すると、心身が不安定になります。長期間続くとやがて、情緒不安定な子どもになりがちです。

(3)奇声を頻繁にあげる

奇声をあげる子の根底には、自分の感情を相手に伝えられないもどかしさがあります。これは、意思を言葉によって理性的に表現できないことが原因です。

さらに、感情をコントロールする理性が働かないと、感情が爆発して、我慢できずに奇声を上げてしまうのです。

自分をコントロールするには、「我慢の神経回路」を形成することが必要ですが、十分に形成されないまま、言語能力も改善されずに大人になると、突発的に暴力行為を起こす可能性もあります。

(4) 表情が著しく乏しい・母親が笑っても笑わない

一般に乳幼児は、本能的に「見たもの、聞いたもの、触れたもの」に反応し、再現しようとします。特に母親のやっていることを再現しようとする傾向が強いので、お母さんが笑うと、子どもも笑い返すのです。また、乳幼児は刺激に対して、少しずつ緊張と緩和を覚えるので、精神的及び身体的に緊張がほぐれた時に笑いが自然に出てきます。

しかし、視聴覚に障害がなくても発達障害があると、この刺激への反応が鈍くなり、表情が乏しくなります。なぜなら、発達障害があると右脳が異常に敏感になり、感覚的に過剰反応する傾向が見られるためです。すると、理性に乏しく、本能的な表出が多くなり、その反対に、表情が乏しくなります。

(5)ハイハイの時期が著しく遅い

運動機能が未発達だと、ハイハイの時期も遅くなります。さらに、運動機能の未発達に伴って内臓の発達も遅れるため、体力に劣り、チャレンジを怖がる傾向が見られます。すると、ますます運動機能はじめ様々な機能の発達が遅れます。

(6)便秘しがち

五感の感覚が鋭い子どもは平均的な子どもよりもストレスを強く感じる傾向がありまず。そのために胃腸の働きが鈍って消化活動が停滞し、便秘がちになります。さらに、便秘がちになることで、有毒物質が血液を通じて脳をはじめ全身に送られるため、知的作業のトラブルが生じます。

また、腸機能が未熟な原因の一つに、胎便が排出されていないケースも考えられます。

Q7

一般的な「育てにくい子」と「発達障害の子」にはどんな違いがありますか？　発達障害だとしたらタイプとか程度を判断する基準はありますか？

近年、発達障害という言葉が、医療だけではなく、福祉・教育の分野でも幅広く使われるようになっています。しかし、使われる分野や立場によって、「発達障害」の意味に多少違いがあります。

一般に発達障害は、幼児早期の言語や運動発達の遅れが認められ、その後の発達期の問題として、大きくは知的障害、社会性・コミュニケーション・想像性の障害である広汎性発達障害（自閉症スペクトラム）、注意欠損多動性障害（ＡＤＨＤ）、学習障害（特異的学習障害）などに分類されています。

このほかにも、名前の付けられない障害も多くあり、症状が重なっているケースもあります。

しかし、こうした症状の分類にはさほど意味がありません。親御さんが育てにくいと感じるいちばんの理由は、子どもの感覚が敏感であることと、社会性がないということにあるからです。

これらは「病気ではなく、脳の発達がアンバランスであることに起因する」と、私は考えています。ですから、具体的な症状の分類にこだわるよりも、「育てにくさ」の原因である脳のアンバランスな発達を解消するほうが、はるかに子どもを伸ばすことが可能なのです。

発達障害のタイプについては、分類別の特徴を子どもと照らし合わせてみながら、どのような部分にとくに強く障害が起きているかを把握するだけで十分です。

アメリカでは、発達障害は「自閉症スペクトラム」に集約されていて、個々の症状に対する名称はありません。

実際には、症状別に分類できるものではなく、いくつかの症状がグラデーションの状態で重なり合っているのです。ですから、区分することに意味があるのではなく、脳の発達のアンバランスを解消するほうが優先されるべきなのです。

症状の区別にこだわったり、症状に名前がついて安心したりしていると、肝心の子どもの脳の改善がおろそかになり、大切な時期に子どもを伸ばすチャンスを失ってしまいます。

Q8

集団生活になじめない、一つのことにこだわる、心が通じない、じっとしていられないといった現象は普通の子どもの性向にも見られますが、そういう性向が普通か、普通でないかはどこで区別できるのでしょうか？

もちろん、発達障害がない子どもであっても、親にとっては「扱いにくい」と感じるときはあります。いちばんの理由は、子どもの感性が敏感すぎることにあると思います。高度に感受性の強い人・敏感な人・繊細な人のことをＨＳＰ（High Sensitive Person）といったりしますが、これは心の病気ではなく、繊細すぎる感性をもっているということです。

発達障害の子どもでも刺激や人（とくに両親）の感情に敏感であるため、ＨＳＰと判別しにくいことがあります。発達障害のサインはＱ６でご紹介した通りですので、ご参照ください。

いずれにしても、敏感すぎて育てにくいと思ったら、まず重要なことは、親が冷静に子どもをよく見て、子どもがこれからの人生を自立して生きていくために必要な「基礎能力」がどれくらい育っているかを判断することです。そのうえで、いかに指導するかを決めることです。

基礎能力とは具体的などんなものなのかは2章を読んでいただければわかりますが、親が思う「育てにくい子」は、この基礎能力が育っていないだけなのです。そう考えれば、この世に「育てにくい子」はいません。基礎能力さえ、しっかり育てていけば、あとは子どもが自ら伸びていきます。

ＥＥＳ協会では、基礎能力の到達度を把握できるように、独自の「発達検査表」を用いています。２章で紹介しているのは、読者の方でも使いやすい普及版ですが、これでも子どもの基礎能力を把握できますので、ぜひチェックしてみてください。

敏感な子どもと向き合うとき大切なことは、前にも述べましたが、両親とくにお母さんの笑顔です。子どもを安心させることができますし、ストレスを和らげてあげることができます。

もし、うちの子は育てにくいと感じられたら、まずお母さんが笑顔でいることからはじめてください。どんな子でも必ず反応が違ってきます。そのほかにも、敏感な子どもを伸ばすのに役立つ情報が本書にはたくさんありますから、ぜひ参考にしてください。

Q9

医療機関の診断はどこまで信頼できるのでしょうか？

２０１５年から発達障害の新しい診断名は「自閉症スペクトラム」になりました。医療機関では、発達障害や知的障害は脳の機能障害であるとし、「あなたのお子さんは自閉症スペクトラムです」と一律に診断名を付け、「治りません」「改善しません」と説明しています。また、医療機関では、起こっている症状を抑える薬の投与などを行なうこともありますが、これはあくまでも対症療法であるため、原因の根本的な改善には結びつきません。

しかし、発達障害や知的障害は、繰り返しになりますが、実際には脳の神経回路のアンバランスな発達にすぎないと私は考えています。ですからＥＥＳ協会では、大脳における神経回路を形成するための教育に主眼を置き、さらに社会性（我慢と自立心）の回路を発達させる改善プログラムを実施しています。これにより、発達障害や知的障害の子どもたちが劇的な改善を遂げていることは、すでにお話しした通りです。

Q10

3歳児健診で発達指数の数値が低く、このままでは支援学級と言われました。どう対応したらいいのでしょうか？

教育学や発達心理学の分野に関しては、発達障害・知的障害に関する定義が古く、改善のための研究はまだまだ十分ではありません。そのため、3歳児健診や就学時健診では、ただ脳の機能に障害があると判断してしまいます。

その結果、支援学級や療育センターで教育を受けることになる場合もありますが、こうした場所での指導には疑問があります。というのも、子どもは見たもの聞いたもの、触れたものの影響が大きいため、支援学級や療育センターに閉じ込めてしまうと、その世界のレベルに自分の発達を合わせてしまうからです。

また、こうしたところでは、親も指導者も子どもを障害児とみなして指導するため、せっかくの子どもの可能性がその範囲内に閉じ込められてしまいやすいのです。

子どもの可能性を広げるには、脳神経の形成が活発な6歳までが最適です。それまでに課題を発見し、その子にあった働きかけをして脳神経の形成を促すことがいちばん効果的なのです。

それは、幼いうちのほうがよく、脳神経の形成が進むほど学習能力も高まります。パソコンでいえば、より性能の高いOSをインストールしておくようなものです。OSの性能を高めておけば、より高機能なアプリを使いこなすことができます。

脳の場合は、脳神経がOSです。神経形成が進むほど脳のOSの性能が高まります。そのOSの上で動くアプリ、つまり学習能力はより高機能になるわけです。

学習能力が高いほど、その後の高等教育が容易になるのは当然です。

もし3歳児健診や就学時健診で発達障害の可能性を指摘されたら、「早く見つけてくれてありがとう」と思ってください。子どもの脳に本当に合った働きを見つけて伸ばすチャンスだと思ってください。EES協会では独自の発達検査表を使ってチェックしてもらい、子どもの発達状態をしっかり把握してもらい、課題を明確にします。2章にはその普及版が掲載されているので、ご利用ください。

早く子どもの発達状態を把握することが大切なのはもちろんですが、それは「発達障害というレッテルを貼る」ためではありません。「わが子の可能性を見つけて的確な働きかけをスタートする」ことが大切なのです。

Q11

軽度の発達障害があるのではと疑っていますが、診断してもらってもはっきりせず、しばらく様子を見ましょうと言われました。はっきりするまで何もしないまま過ごしているのが不安です。知り合いに相談すると言葉が遅いのは「心配ないよ、そのうちに喋れるようになるよ」と言われましたが、放っておいても大丈夫でしょうか？

発育が遅い、言葉が遅い、学習できない。そうした様子が見られるわが子に不安を抱いて医者や教育者、心理学の専門家などに相談することは多いでしょう。そうすると、ほとんどの場合「しばらく様子を見ましょう」と言われるだけです。

さらに発達障害についていえば、「治らない」と言われてしまいます。

それがこれまでの常識です。

こうして親から、子どもの改善や伸びる可能性への希望を簡単に奪っている現在の教育や医療の在り方に、私は大いに疑問をもっています。

世の中には、医者や教育者、心理学者など「専門家」と称される人々がごまんといますが、こうした専門家とは「不可能なことを知り尽くしている人たち」「ネガティブな過去の知識に囚われている人たち」であると言い換えることもできます。

一方、ＥＥＳ協会には５０００以上の改善指導例があり、その経験と知識を活かしたカウンセリング・システムもあります。

人間の脳の量は、乳幼児期に急激に増加します。短期間に大人の脳の量の85％以上にまで拡大します。この「脳の量的拡大期」は、子どもの脳が急速に変わる時期、可塑性が高い時期だといえます。

ですから、たとえ脳に異変があっても、指導が早ければ早いほど必ず改善し、伸びるスピードも早いのです。

とくに子どもの脳の可塑性が高い６歳までに、しかも、なるべく早く取り組んでいただきたいと願っています。

そのために、本書にある内容を参考にしてください。

Q12

育てにくいなと感じているうちに、発達障害ではないかと疑うようになりました。どこに相談して判断するのがいいでしょうか？

療育センターでも発達検査は実施していますが、これは能力の有無の診断をするもので、それによって「この子は、この月齢でできるべきことができる、できない」と判断するものです。月齢に対して発達状態を確認しながら、発達障害の軽重などを明らかにしていきます。

これは、脳の発達状態を検査するEES協会の考え方とは決定的に異なります。それに、EES協会では発達障害かどうかの診断は、あまり意味がないと考えています。

EES協会では独自の発達検査表を使って、子どもが6歳までに伸ばすべき基礎能力がどこまで伸びているかを判断します。そして、遅れている能力が見つかったら、それを伸ばすために必要な親の働きかけを示します。基礎能力が育ってくるにつれて、子どもの自立性が高まり、それを基盤に学習能力やコミュニケーション能力もぐんぐん伸びていきます。

Q13

子どもに発達障害があるのではないかと心配しています。障害に関する確かな知識や対応の仕方について、どこから情報を得るのが確かですか?

いちばん大切なのは、どんな子どもでも必ず伸びると考えることです。難しい、現状にうまく対応しましょう、という考え方だと、子どもに対する見え方はまったく違ってきます。

そのことを理解したうえで、もちろん専門家に相談し参考にしてもいいのですが、わずかな時間子どもを見て判断する専門家より、毎日子どもと接している親、とくにお母さんこそ正しく子どもの状態を判断できる立場にいることを忘れないでください。

EES協会では、何度か紹介しているように、親が子どもを直接観察できるように独自の発達検査表を使っています。

2章には、読者の皆さんにも使ってもらえるように普及版を掲載してあります。もちろん、完全版の発達検査表でチェックするのがいちばんですが、読者のみなさんが、ある程度、お子さんの現状をはっきりと把握することはできると思います。

検査表で見ているのは、子どもが将来自立して生きていくために不可欠な基礎能力の発達状態です。完全版は全部で576項目あります（普及版は288項目）。

各項目には○か△を付けます。まったくできないことは×を付けずに空欄にしておきます。これには意味があります。どんな子どもでも、課題を明確にして働きかければ必ず基礎能力が伸びると考えているからです。

一つでもできたことには△を付けます。その項目が100％ではなく80％程度できたら、今度は○を付けます。

こうして○、△を付けていると、子どものできないことにばかり目が行って不安でしかたなかったけれど、じつは○が付くこともけっこうあるんだと気づくことが多いのです。

空欄や△が付いたところは、△や○になるように子どもに働きかける目標になります。必ず○になる日がきます。

そうして○が増えるにつれて、子どもが自立する能力、社会生活に必要な能力が着実に伸びていきます。それは、毎日子どもと接している親にこそ実感としてわかることです。

子どもに関して、いちばん情報を持っているのは親自身です。その親が、「必ず改善する、必ず伸びていく」という思いで子どもと接していれば、△を付けられる項目が見つかりますし、それが○になっていきます。そうして○が増えていく検査表は、子どもが伸びていることを示す科学的データになるのです。

それは、専門家に相談するときにも役立ちます。親として明確な認識をもちながら、専門家の意見を判断できます。自分の子どもに関しては、親こそいちばんの専門家なのです。

Q14

幼稚園や保育園の先生、学校の先生、療育センターの先生など、教育の専門家の意見はどのように受けとめたらいいのでしょうか？

一般的に、発達障害児や知的障害児の療育は療育センターでしてもらうものと思っている方が多いようです。

でも私は、「療育は家庭でできる」と考えています。

療育という言葉は、「治療」と「教育」を合わせて作った造語です。その療育を専門にする療育センターの担当者は基本的に、発達障害や知的障害のある子どもは改善できるとは考えていないことがほとんどだと思います。

このことは、藁にもすがる思いで専門家に頼ろうとしている親にとって、絶望的なことです。どんな教育法であっても、子どもは改善する、必ず伸びるという前提から出発しないかぎり、子どもの発育を促すことはできないからです。

もし、療育センターの話を聞くことがあるなら、親自身が子どもの現状をできるかぎり把握したうえで、行くのが良いでしょう。そうでないと、単純に「おかしい」とだけ言われて不安に陥るだけです。

あらかじめ、うちの子どもは他の子どもの発達状況とどこが違うのかがわかっているだけで、療育センターなどで専門家の意見を聞いても、自分をしっかり保つことができます。子育てや家庭教育の主導権を親が握っていられます。

もう少し厳しく言わせていただくなら、「改善はしません」と言われて泣いているようでは、「もうお手上げ」と親の主体性を自ら放棄するようなものです。


EES協会でダウン症のお子さんの改善プログラムを実施したところ、発達検査表で見ても、親の目から見ても、明確に改善し伸びていることが認められました。ところが、医師からは「改善することはありません」と言われたというお母さんがおられます。

専門家に言われれば、誰でもくじけそうになるでしょうが、親がどう受けとめるかで子どもの発育は全然違ってしまうのです。

親がどんなに育てにくいと感じていても、この子は必ず改善するし、必ず伸びると考えて働きかけを止めないでください。働きかけることを止めたら、子どもは伸びることができません。

本書では、家庭で親ができる子どもを伸ばす17のコツを紹介しています。検査表で常に子どもの発育状態と課題を科学的に把握しながら、このコツを実践していただければ、育てにくいと感じてきた子どもが、ぐんぐん伸びるのを実感していただけると思います。

Q15

子どもの発育がおかしいのは、親の育て方が悪いからだと責められたり、こんなふうに産んでごめんねと自責の念が襲ってきたりして、ストレスが溜まる一方です。夫婦の協力もうまくいかず、一人で苦しんでいることもよくあります。夫にはどのように支援してもらえば良いでしょうか?

きついようなことを言いますが、お母さんの自責の念は、はっきり言って無駄以外の何物でもありません。自責の念に駆られている暇があったら、その間に改善に取り組むほうが、よほど子どものためになり、お母さんも自信を持てるし、親子ともに人生が変わります。

確かに、脳が敏感で育てにくい子どもや、発達障害のある子どもは、お母さんのお腹の中にいるうちや、生まれてすぐのころから不安定になっていることが多いように思います。胎児や出産後すぐの子どもでも、小さいながら「この親では安心できない」と捉えてしまっているのです。

たとえば、低体重児で生まれた赤ちゃんは、生まれた直後にＮＩＣＵ（新生児集中治療室）に入るので、お母さんと引き離されて孤独や不安を感じています。敏感になったり、ちょっとしたことに過剰反応してしまったりするようになることもあり得ます。

胎児の聴覚は、妊娠5カ月の頃から発達しはじめます。この時期にお母さんが大きな声を出すと、胎児はびっくりして脳内にアドレナリンが分泌され、興奮しやすくなります。それが頻繁に起こると、生まれてからも脳が敏感に反応しやすくなると考えられます。

胎児であっても、お母さんは知らず知らずに子どもたちに影響を与えていることがわかります。

とはいっても、もう目の前に子どもがいるなら、今から妊娠期のことを後悔しても始まりません。どうしても気になるなら、「あなたがお腹の中にいるときのことは、お母さんの勉強不足でごめんね、でも、これからしっかり守るから」と心から謝ってみてください。子どもの気持ちが落ち着き、態度が変わってきたという体験をされているお母さんたちもいます。

これは、子どもが生まれ育った今からでも、すぐにできることです。反省して、心から謝って、その分の努力をすれば、お母さんへの信頼や安心感が回復します。

もう一つ、子どもを伸ばすのに大切なことがあります。それは、夫婦や家族でほめ合うことです。とくに両親がお互いを非難し合っていたり、相手を心の中で責めていたりすると、子どもの発育に大きく影響します。

最初は夫や妻がそうなっていなくても、そうなったときの姿を思い描いて、ほめてください。たとえば、相手にもっと優しくなってほしいと思ったら、ほんの少し優しさを感じただけでも、「前よりもずっと優しくなってきたね」とほめます。これを行なうだけで、夫婦関係が驚くほど好転し、ネガティブな気持ちになる時間も少しずつ減ってきます。

夫婦が協力体制になったら、子どもの改善のスピードは二倍速になります。しかし片方の親が邪魔をすると、スピードがマイナスになることもあるのです。両親がお互いに気まずい雰囲気になっていると、子どもはそちらへ気をとられてしまい時間とエネルギーをロスします。伸びることを自ら拒絶するようにすらなります。

子どもに「発達障害児」とレッテルを貼ってしまったがために、夫婦が不和になっているケースは多いと思います。反対に、あんなに育てにくいと感じていた子どもが伸び始めると、夫婦が仲良くなるという事例は、EES協会でも珍しくはありません。

Q16

育てにくいと思いながら子どもと向き合っていると、親の役割が見えなくなり、苦しくなることがあります。子どもに振り回され、ストレスや疲れが溜まる一方です。親の当然の務めとはいえ、このままでは子どもに優しくなれない自分がいます。どうすれば良いのでしょうか?

子どものエネルギーが強いので、親であっても、つい子どものステージに引っ張られることがあります。しかし、親は基本的に子どもと同じステージに乗ってはいけません。子どものレベルに合わせるのは良いことですが、あくまで自分のステージに立って自分を保ち、冷静に対処することが大切です。

それには、親自身脳にも十分に酸素と栄養素を行き渡らせることが必要です。

じつは、人間の脳は大量の酸素を必要とします。エネルギーの基礎代謝は、いちばん大きそうな筋肉が22%で、脳はなんと28%だそうです。エネルギーをいっぱい使うイメージのある肝臓ですら30%で、脳と大差がありません。

つまり、吸った酸素の約3割は脳で消費するのです。酸素は血液に乗って運ばれますが、血行が悪いと脳は酸素不足になり、十分に発達したり機能したりできません。栄養も同様です。脳に栄養が行き渡らなければ、働きが悪くなってしまいます。

子どもだけでなく、大人だって脳が活発に機能するには、十分に酸素と栄養素が行き渡ることが必要なのです。

そこで、ＥＥＳ協会で、お父さん、お母さんにおすすめしている30秒でできる体操があります。「パワーアップ体操」です。血行がよくなり、体が温まります。もちろん、脳にもたくさん酸素と栄養が運ばれます。

ダイエットにもアンチエイジングにもなりますから、１日に何度でもやってみてください。

パワーアップ体操のやり方

①足を肩幅程度に広げて立ちます。肩の力は抜きましょう（目は5度上を向き、口角を少し上げる）。

②腕を心臓よりも高く上げて、前に向かってグルグルと5～10回回します。

③左右の肩と腕の力を抜いて、だらりと下げます。手首を体から少し離して、できるだけすばやく10秒間、ブルブルと振ります。

④超高速で、小刻みに10秒間振ります。

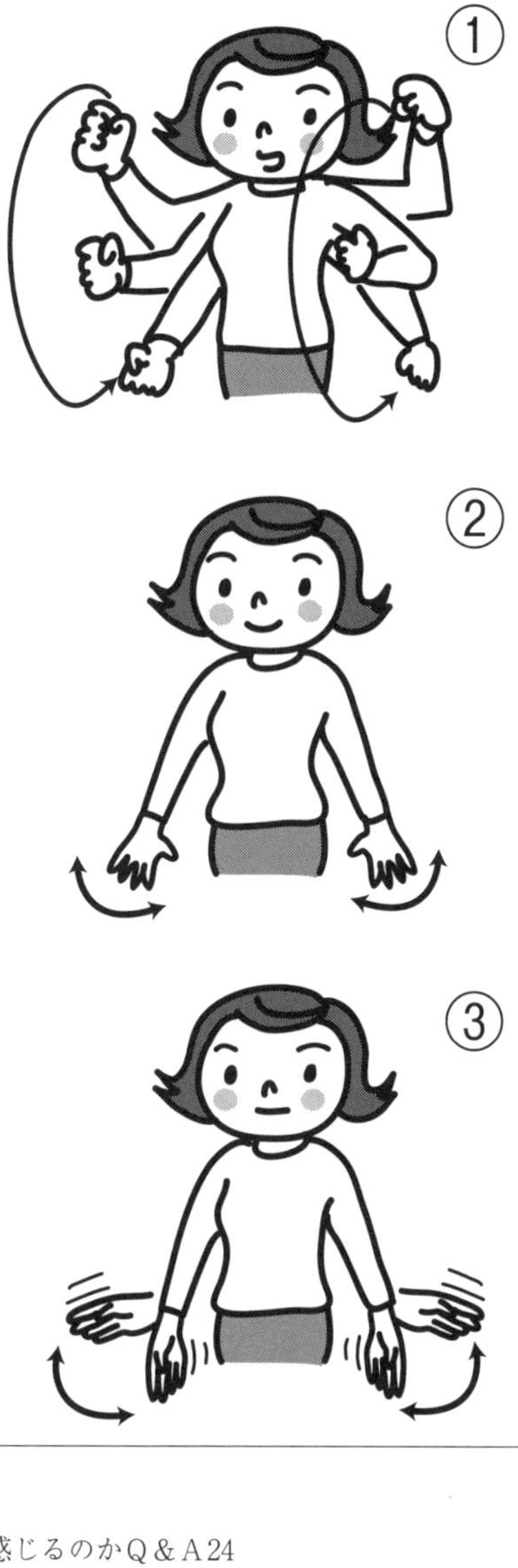

Q 17

一般に女の子より男の子の発達障害が多いように思います。実際に女の子の発達障害が少ないとしたら、それには何か理由があるのでしょうか？

五感で獲得した情報は右脳に伝えられ、またその情報は左脳の神経回路で処理されます。発達障害の原因の一つは、この左脳の神経回路が十分に形成されていない点にあるとＥＥＳ協会では考えています。

さらにもう一つ、右脳と左脳をつなぐ神経である「脳梁」の機能不全の問題も発達障害の原因となっています。

脳梁は左右の脳の間にある神経線維の束で、右脳と左脳を連携させる架け橋のようなものです。

この脳梁は女性のほうが男性よりも脳に占める比率が大きいといわれています。そのために女性のほうがおしゃべりであるとか、複数のことを同時にこなせるのでマルチタスクが得意だといわれます。

私は、女児より男児に発達障害のある子が多いのは、女児と男児の脳梁の神経線維に違いがあることが関係しているのではないかと推測しています。

女児の脳は、将来出産するときの痛みに耐えられる脳になっていて、ストレスに強い脳になっているのでしょう。脳梁の神経線維の違いも、そのことが関係しているものと考えられます。

しかし、男女の違いによらず左右の脳の神経回路の形成を促していくことで脳のバランスはよくなり、脳梁の機能もよくなるので、どんな子の発達障害も改善すると考えられます。

Q 18

ＡＤＨＤなどのケースでは、医師から薬剤を処方されることもあると聞きました。薬を服用すべきでしょうか？

現在、ＡＤＨＤの症状に対して「コンサータ」という薬剤を処方されることがあります。この「コンサータ」は、「リタリン」という向精神薬をゆっくりと効果が出るタイプにしたもの（徐放性製剤）であるといわれています。

もしかしたら、「リタリン」という名称に聞き覚えのある方もいらっしゃるかもしれません。というのも、この薬は覚せい剤に近い成分であるため、依存性や濫用が社会問題になったことがあるからです。

確かに、対症療法としては一定の効果があるとして、医療に使用することは認可されています。けれども、長期的に使用を継続すると、脳がダメージを受けるという重大なリスクがあるため、処方にも厳重な基準があり、流通も徹底的に管理されています。

「コンサータ」は劇薬です。18歳未満の子どもに対する処方も認められていますが、私はこの点には大いに疑問を持っています。とくに敏感な子どもの脳は強く反応してしまいますし、脳の神経回路を形成するうえでも混乱をきたすなど、悪影響が強く出る恐れがあることがわかっているからです。

いずれにしても、あくまでも対症療法に過ぎないので、根本的な解決にはならないでしょう。

ＥＥＳ協会が提唱しているメソッド（エジソン・アインシュタインメソッド＝ＥＥメソッド）は、薬剤に頼らず家庭教育で改善に取り組みます。

家庭教育のイニシアティブを、医師ではなく、実際に携わる親がとることが大切なポイントです。

Q19

好きなことや習いごとは積極的にやらせるほうがいいでしょうか？

一般に幼い子どもほど五感を多用しています。とくに脳が敏感な子どもは五感の感覚が非常に優れています。ところが、その才能を上手く活用できないのは、やはりQ3でお話しした「我慢の回路」が形成されていないことが影響しています。

ですから、好きなことや習い事をさせても、「我慢の回路」が形成されていないと、せっかくの才能を活用することが難しくなってしまいます。親の自己満足に過ぎない結果となってしまうかもしれません。

我慢ができない子どもにとっては、習いごとの時間は負担やストレスになるだけですし、お金も無駄になってしまいます。

まず「我慢の回路」をつくることからはじめてください。また、自信や自立を促す基礎能力を伸ばしていくと、好きなことや習いごとの効果が高まりますし、得意なことや才能を伸ばすこともできます。

Q 20

発達障害があると親の愛情をキャッチする力も弱いと聞きます。親子の信頼関係を築くのは難しいでしょうか？

発育が遅かったり発達障害があったりすると、お母さんの呼びかけに反応しなかったり、反応しても薄かったりします。それを見ていて、愛情をキャッチする力が弱いのではと感じるかもしれません。

しかし、実際には愛情を感じとっています。ふつうよりももっと敏感に感じとっていることもあります。

ただ、非常に敏感であるため、愛情というプラスの力を感じるだけでなく、不安や恐れ、怒りなどのマイナスの力（ストレス）も強く感じてしまうのです。

そのマイナスの力のほうが大きいために、プラスの力を感じる余裕がなくなってしまうこともあるのです。

とくに、うちの子は「育てにくい」と感じているお母さんは、どうしてだろうと不安やストレスを抱えていることが多いと思います。周囲に迷惑をかけないようにと子どもを厳しく叱りつけることも少なくありません。

おそらく、子どもと接するときの表情に笑顔も少なくなっているでしょう。

敏感な子どもほど、お母さんの愛情以上にマイナスの感情を強く感じとりますから、お母さんが焦って頑張るほど、子どもの反応が悪くなるのです。

まず、お母さん、そしてお父さんが笑顔になってお子さんと接してください。

笑うと、快楽ホルモン（ドーパミン、セロトニン、エンドルフィン、ギャバなどの「学習ホルモン」）が出てくるといわれています。笑顔のパワーがさらにアップするので、お母さんの愛情が子どもにもっと伝わりやすくなります。

子どもとの信頼関係を築くには、愛情が伝わっていることが前提になりますが、それだけでは信頼関係を築くことができません。子どもの脳内に「我慢の回路」と「自信の回路」をつくることも必要なのです。

いくら愛情を注いでいても、この二つの回路が子どもの脳内につくられていかないと、しっかりとした信頼関係を築くことはできません。

子どもに「我慢」と「自信」を育てるために、注意してほしいことがあります。

たとえば、「ちょっと待っててね」と言って我慢をさせたら、そのままにしないことです。忘れてしまったり、時間がなくてできなかったりすると、かえって信頼関係が損なわれてしまいます。

万一そうなってしまったら、必ず「ごめんね」と謝って信頼を回復してください。

Q21

発達障害がある子どもに「自分はできるんだ」と自信を持たせるにはどうすれば良いでしょうか？「うちの子は、できるはず、もっと頑張れるはず」と期待しすぎると、かえって子どもに過度な負担をかけてしまうのではと心配ですが？

子どもは、親の行動を学び、同じ行動をとるようになります。ですから、親に自信がないと、子どもも自信がなくなります。不安定な親を見ていると、子どもも不安定になります。

親が不安なまま、いくら子どもに期待をかけても、子どもはもっと不安定になるだけです。

まず親が気持ちを安定させて子どもに接することからはじめてください。

近頃は、遺伝ではないのに、親が発達障害的な行動をとっているために、子どもも影響されて同じような行動をとるケースも増えています。

ＥＥＳ協会では、まずお母さん自身に発達検査表で自分のことをチェックしてもらっています。意外に、親自身ができていないこともあります。

もちろん親ですから、子どもに期待するのは当然です。ところが、子どもの本当の状態を理解しないまま期待心だけを押しつけてしまうことも多いのです。

まず、子どもの状態をしっかり理解することです。発達検査表は、そのための助けになります。

子どもの状態がわかったら、何を伸ばしていけばいいのか目標もはっきりします。

ＥＥＳ協会の改善プログラムに取り組んだお母さんは、「始めてみていちばん変わったのは親でした」とよくおっしゃいます。

Q22

子どもの言葉が遅い、学習ができない、発達障害といったことには食生活が関係しているのでしょうか？　どのような食生活へ改善するのが望ましいのでしょうか？

子どもの発育で起こるトラブルのいちばんの原因は脳にあります。まず、この事実をしっかりと受け止めてください。

そもそも脳というと、私たちの体とは別次元のもののように思ってしまいがちです。しかし、医学的には数ある臓器の一つにすぎないのです。

臓器の活動には酸素や栄養素が必要で、それらを運ぶのは血液です。ですから、血液が止まってしまったら、あるいは血液の状態が悪くなったら臓器は正常に動きません。

じつは、人間の脳は水分を除くと6割が脂肪で出来ています。ですから、子どもの脳の働きを良くするには、良質の脂肪を摂ることが必要です。

子どもの脳が生理的炎症（アレルギー）を起こしていることがあります。それは脳の成長に影響するだけでなく、脳は本来の働きをすることもできません。

この場合は、血液検査を行なって、アレルギーの物質を特定することも大切です。アレルギーの原因となっている物質を取り除けば、炎症が取り除かれるので、改善スピードも速くなります。

ただし、アレルギー原因物質の検査にはお金と時間がかかりますから、まずは多くの子どものアレルギー原因になっている牛乳、小麦、卵、砂糖を止めてみます。これだけで8割の子どもが改善しています。


子どもの体に有害な物質を体外へ排出するには、排便が一番のデトックス方法です。子どもの排便の状況はいかがですか。便秘気味ではありませんか。排便の習慣を安定させてください。

食事と排便の習慣を整えるだけで、子どもの体内にある有害物質の95％が排出されるともいわれます。

Q23

いろいろ教えたいのに、じっと聞いていられないし、すぐ飽きてしまいます。どんなふうに働きかけたらいいのでしょうか？

子どもに何か教えようとすると、親はたいてい、子どもだからと思ってスローペースで働きかけます。それでもじっと聞いている子どももいるでしょうが、親が育てにくいと感じる子どもは脳が敏感なので、すぐ飽きて期待したようには反応してくれません。

外からのゆっくりとした情報は、敏感な脳にはストレスになるだけです。だから、集中し続けることができないのです。

敏感な脳に情報を送り込むには、できるかぎり脳にストレスを感じさせないアプローチをすることです。それが、高速で情報をインプットする方法です（ＥＥＳ協会では超高速楽習法と呼んでいます）。

高速で情報をインプットされるほうがストレスを感じることなく、しっかりキャッチしやすいのです。

この方法は、私の恩師である七田眞先生の「フラッシュカード」をヒントに考案したもので、カードを使って超高速で情報をインプットします。

カードには、表面に絵とその名称を示すひらがな、カタカナ、漢字、英語が併記されています。

子どもの前で、このカードを超高速で読み上げながら、めくっていきます。文字と映像を一体として超高速で情報を右脳にインプットし、それを左脳に連動させていくのです。

それまでは、まったくじっと話を聞いていられなかった子どもが、じっとしたままカードに集中している姿を見て、親御さんは本当に驚かれます。

それだけではありません。一通りカードをめくったあと、私が子どもにカードに出ていた情報を聞くと、ほとんど覚えているのです。

「EES協会のカードは手元にないから、絵だけ表面に描かれたカードを使い、絵の説明は話すだけでもいいのでは」と考える方がいます。

ところが、絵だけが表面に書かれたカードを読み上げると、子どもの敏感な脳には言葉（音）と映像しか入ってこないため、いつになっても文字には反応しません。

ＥＥＳ協会で使っているカードは１６００枚あります。１６００枚のカードに記された漢字がすべて読めるようになります。これは中学校1年までに学習する漢字に匹敵します。

さらに、１６００枚のカードの英単語は、中学を超えて高校1年生までに学習する英単語に相当します。ですから、カードによる情報のインプットを続ければ、高校受験が楽にできるレベルまで言葉を覚えてしまうことになります。

Q 24

たとえ発達障害があっても将来、自立できるように育てたいのですが、障害者として認めて、障害者枠での就職を見通して支援学校などを選択するほうが子どもは幸せになるのではないかと迷っています。どちらがいいのでしょうか？

一般に専門家は「障害を受け入れたほうがいい」と言うでしょう。しかし、子どもの自立を諦める必要はありません。

現状を把握して受け入れることは必要ですが、改善することはないと親が諦めてしまうと、子どもの将来はないのです。

私は親の意識が変われば、どんなに育てにくいと感じている子どもであっても、必ず伸ばすことができると考えています。

それは、大脳生理学に基づいた考えですが、5000家族以上の改善指導で確かめた事実なのです。

昨今、発達障害のある子どもが増え続けています。

毎年生まれる子ども100万人のうち20万人の子どもに何らかの発達障害があると

もいわれています。これまでの教育では、そうした子どもたちを大きく伸ばすことはむずかしいのです。

家庭こそ、子どもを伸ばす最高の場です。すぐに新しい家庭教育を始めましょう。そして、「どんな子どもでも必ず改善する、必ず伸びる」と信じて子どもと向き合う親こそ、最高の教育者だということを忘れないでください。

2

家庭教育は発達検査表で始まり発達検査表で終わる

親子がいっしょに楽しく取り組むことができる

子どもが自立していくためには、6歳くらいまでに身に付けておかなければならない基礎能力があります。エジソン・アインシュタインスクール協会（EES協会）では、親御さんが子どもの基礎能力がどれくらい育っているかを判断するバロメーターとして、独自の発達検査表を使っています。

この検査表には、「社会面」「言語面」「知覚面」「身体面」の四つの分野が設定されています。それぞれには144の検査項目があり、全体では576項目あります。EES協会では、親御さんが検査表でチェックしたデータを定期的に報告していただき、それを数値的に処理し、データ化して相談指導に役立てています。

EES協会の検査表の最大のメリットは、親御さんに専門知識がなくても、使い方の基本がわかれば、自分でお子さんの発達度をチェックできることです。

この章で紹介する検査表はその普及版で、四つの分野がそれぞれ72の項目で構成されています。この章にある使い方の基本を理解しておけば、子どもの発達度を知るために大いに助けになります。

同時に、まだ十分に発達していない項目があったら、そこを伸ばしていくことで、他の項目も伸びていきます。

普及版の検査項目の合計は288項目です。数字だけで見ると、288項目でもかなり多く感じられるかもしれません。しかし、どの項目も6歳（月齢72カ月）までに、子どもが自立していくために必要な基礎能力が網羅されています。

検査表の各項目をご覧になっていただくとわかりますが、専門用語はまったく使っていません。どんな専門家よりも毎日子どもを観察している親御さん、とくにお母さんが自分の感覚や観察眼で判断できる内容になっています。

「うちの子は発育が遅いのではないか」

「言葉が遅いのではないか」

「学習ができないのではないか」

「発達障害があるのではないか」

と不安に思ったまま、育てにくいと感じていると、子どもを伸ばすことはできません。

何より必要なのは、できるだけ具体的にどの能力の発達状態が遅れているのかを知り、子どもを伸ばす目標を明確にして働きかけることです。そのために、発達検査表は大きな助けになります。

親御さん自身の意識も変わってきます。子どもの課題が明らかになることで、子どもの変化に気づけるようになってきます。子どもの成長に希望が湧いてきます。実際、そういう親御さんの反応がとても多いのです。

もうおわかりいただけたと思いますが、この発達検査表を使ういちばんの目的は、検査結果を得ることよりも、親が子どもの状態を正しく把握できること、子どもを伸ばす目標が設定できること、そこに向かって親子がいっしょに楽しく取り組むことができることなのです。

ＥＥＳ協会の発達検査表の特色

ＥＥＳ協会の教育プログラムは、発達検査表に始まり、発達検査表に終わります。なぜなら、検査表にある項目は、どんな子どもでも6歳（月齢72カ月）までに伸ばしておくべき、自立に必要な基礎能力が網羅されているからです。ですから、発達障害があるなしにかかわらず、どんな子どもにも適用できるものなのです。

6歳の時点で、検査項目の90％に○印がついていれば（到達度90％）、自立していくための基礎能力は十分備わっていると判断できます。もし低ければ、その後の子どもの成長のための土台ができていないことになります。

教育熱心な親御さんがおられますが、基礎能力が身についていなければ、砂の上に家を建てるような状態になりやすいのです。

ですから、子どもが何歳になっていても、6歳までに身につけるべき基礎能力が9割まで達しているかどうかが重要なのです。

実際に発達検査表を使いはじめると、あまりにも空欄が多くて、がっかりしてしまうお母さんがいます。しかし、子どもの発達状態を知り、見つかった課題に向かって子どもへの働きを続けていると、検査表の○や△の数が増えてきます。たとえ一つでも増えていたら、子どもは着実に成長しています。

読者の皆さんは、この章にある普及版で試してみてください。○や△が一つでもあったら喜んでください。そして、△が○になるように、お子さんに働きかけてください。2週間くらいして、もう一度検査表でチェックすると、必ず○と△が増えていると思います。

親というものは、子どもがいくつになっても、なかなか自立できないでいると、「自分が死んでしまったらどうなるだろう」と不安で仕方なくなります。親は、いつまでも元気で子どもの世話をできるわけではないからです。

ですから、親の使命は、将来子どもが自立して生きていくための基盤をつくってあげることです。いちばん良いのは、学校教育が始まる前の6歳くらいまでに自立していくための基礎能力を育てておくことです。

この子はどうなってしまうのだろうと不安になっても、立ち止まっていてはいけません。仕方ないと諦めてはいけません。どんな子どもにも、自立していくために必要な基礎能力を身につける力が備わっています。

必要なのは、子どもの発達状態を科学的に理解し、課題を明らかにして、子どものどこを伸ばせばいいのか、どんな働きかけをすればいいのかを親がしっかり理解しておくことです。

順調に成長しているように見える子どもでも、伸び悩むことがあります。一度うまくいかないことがあるだけで不安になり、わが子の可能性を信じられなくなる親もいます。

子どもの成長は親の意識しだいです。

どんなに小さなことでもいいですから、子どもの変化を見つけてください。一つでも変化が見つかると、親は子どもの成長に希望を感じられるようになります。そのために、発達検査表は大きな助けになってくれるはずです。

発達検査表の使い方

(1)検査表をコピーする

本書にある検査表（98頁〜109頁）をコピーしてください。

(2)基本情報を書き込む

1枚目に、子どもの氏名、生年月日、記入者、記入日を書き込みます。

(3)1回目のチェックを行なう

子どもの様子を思い浮かべながら、各項目に記入します。

〈記入の方法〉

・並んでいる項目には、出産時からの月齢に合わせて期待される発達内容が並んでいます。すぐに書き込まないで、まずどんな項目があるのか全体を眺めてみてください。

・4つの分野がありますから、一分野ずつ項目を見ながら○か△を付けてください。ちょっとでもできたことがある項目には△を、8割程度できるようなったら○をつけます。できない項目があっても×は一切つけず空欄にしておきます。

・△を付けた項目はもう少し伸ばせば○になる項目です。そこを伸ばすことを目標にして子どもに働きかけてください。

・各項目の内容は基本的に月齢順で並んでいます。たとえば、4歳のお子さんの検査表をつけるとしたら、前半の項目にある「つかまり立ち」や「ハイハイ」などはすでに昔のことですが、そのときを思い出して△や○をつけてください。そのころはできていなくても、その後の成長を見て、やればできるようになっていると思えたら○をつけてください。

・お子さんの月齢が少ないほど、後半にある項目は、まだこれからのことと思われる項目が多くなるでしょう。それでも、最後の項目まで必ず全項目をチェックして、該当するものがあれば○や△を付けてください。

あくまで検査表を使う目的は、何歳であっても検査表にある項目がどこまでできているかを把握し、基礎能力を着実に伸ばしていくこと、自立のための基盤をつくっていくことにあります。

(4)定期的にチェックを行なう

最低でも2週間に一度、できれば1週間に一度のペースでチェックしてください。

(5)2回目からは△の項目と空欄のみをチェック

2回目からは△の項目と空欄のままの項目（○や△がついていない項目）をチェックします。また、すでに△がついている項目で、できるようになった項目は、△のとなりに○を書き込んでください。

(6)継続することが大事

1回目、2回目は新鮮な気持ちでチェックできますが、3回、4回と続けているうちに、つい後回しになりやすいものです。検査表を付ける目的は、たとえ小さな変化でも確実に子どもが伸びていることを親が認識すること、同時に、たとえ小さなことでも子どもが伸びるチャンスを増やしてあげることにあります。

それには、継続することが大事です。スケジュール管理のための表が110頁に掲載されていますから、ぜひ活用してください。

発達検査表をチェックする場合の注意点

(1)×をつけない

先ほどお話ししましたが、検査表を使うときは○と△だけをつけます。決して×をつけません。「まあいいかな」とできるだけ肯定的にとらえて、親バカで○や△をつけていきます。

×を付けないのは、どんなに育てにくいと親が感じていても、どんな子どもでも1

００％伸びる可能性を秘めているからです。どの項目にも必ず○や△がつくようになります。

親の性格も関係してくるでしょうが、あまり厳格にやろうとすると、○どころか△もなかなかつけられなくなります。それでは、かえって親にプレッシャーがかかりますし、子どもにもマイナスです。

私は面談では「８割主義でいいんですよ」とお話ししています。

(2) ひいき目でチェックする

○や△は、基本的なことさえ理解しておけば、親が見たまま、感じたままにつけていけばいいのです。注意してほしいのは、厳しく判定しないことです。そのために、△の欄が用意されています。

「怪しいかな？」と思っても、ひいき目で△をつけるようにしてください。

たとえ△であっても、「こんなことができるようになったね！　すごいね！」と子どもをたっぷりとほめてください。すぐに○がつくようになります。

(3)親バカになる

「どうしてうちの子どもだけ、こうなんだろう」と不安が心を占領していると、子どものダメなところにばかり目がいき、本当はできていることも目に入らなくなります。ところが、「きっとこの子はできる、伸びる可能性がある」と思って検査表を利用していると、○や△をつけられる項目が意外と多いことに気づく親御さんがとても多いのです。

ですから、「この子は天才の卵」「この子の可能性は無限大」と、親バカになって検査表を活用してください。

(4)○にこだわりすぎない

△を○にすることにこだわりすぎると、改善が停滞してしまうことがあります。視野が狭くなってしまうためです。それよりも、△を増やすことを心がけましょう。△を増やすように心がけると、子どもは新しい取り組みにチャレンジしやすくなります。「お母さんといっしょに頑張ろう！」と気持ちも前向きになります。

同じ△の中でも、できる確率が高いものを優先的に選んでチャレンジすると、伸び

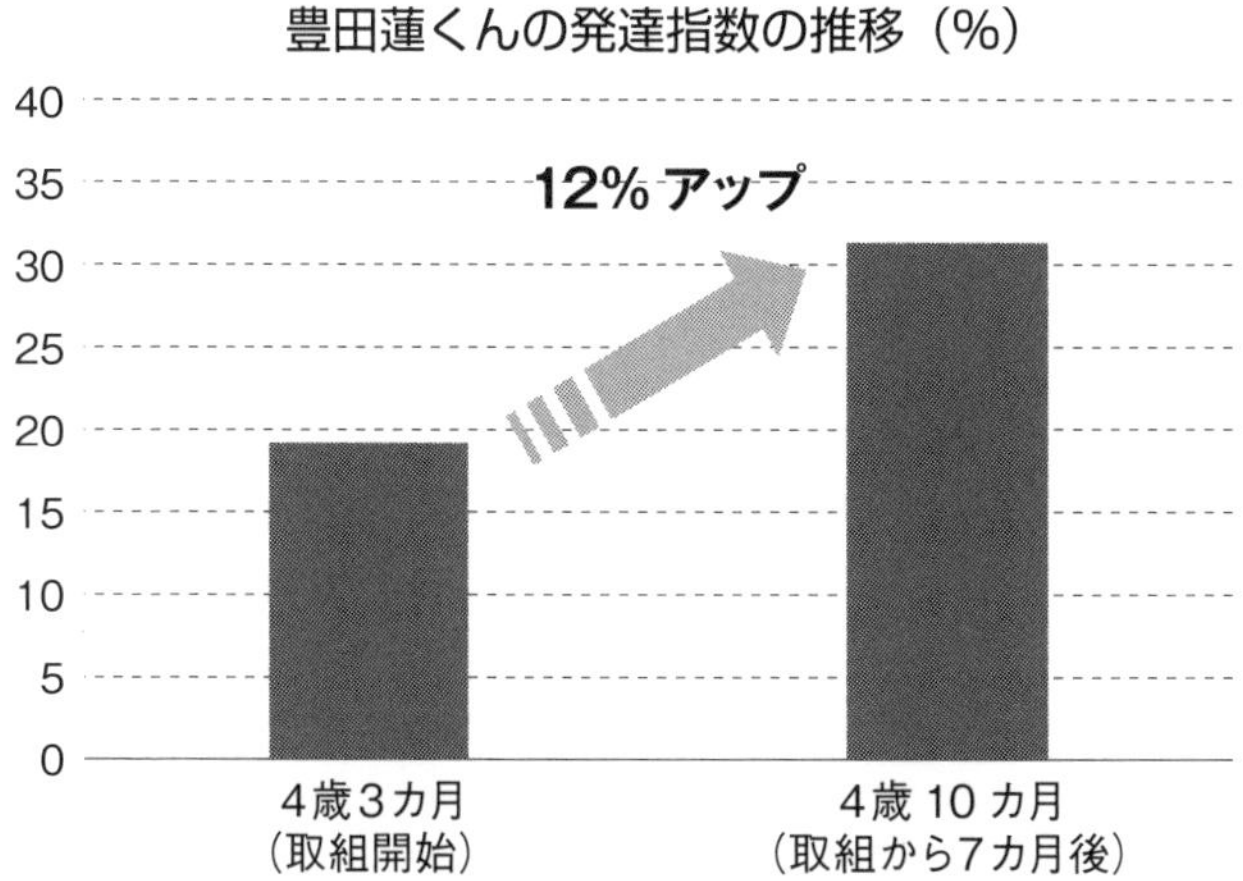

プロローグで紹介した豊田蓮くんの発達検査表の結果。○の数を月齢で割ったものが発達指数。7 カ月で 12%の成長が見られた

る確率が高くなります。○の数も自然に増えていきます。

なお、成長スピードを把握したい方は、欄外などに○や△の印がついた日付を書き込んでおくと便利です。

⑸月齢にこだわらない

検査表の項目は、難易度が上がっていくように並んでいますが、項目ごとの順番はたいして重要ではありません。これまでお話ししているように、子どもの発達状態を把握し、子どもの成長傾向を知って、子どもを伸ばす参考にすることが目的だからです。

一般に子どもの発達を把握するというと、

月齢ごとにできること・できないことを明らかにすることと思われやすいのですが、これはたいへんな誤解です。

発達検査表も同じです。検査結果にとらわれる必要はありません。脳の各分野の発達がどのように進んでいるかを科学的に把握し、何歳であろうと、未発達な脳の分野を伸ばすことが重要なのです。

発達検査表が示すこととは

発達検査表は子どもの発達状態を検査するだけでなく、親が自らの意識を変えるものなのです。他の子どもと比較して、できないことにばかりとらわれていた親の意識を改革するきっかけを与えてくれるのです。

親の意識が変わると、あれもできない、これもダメだと心配ばかりして見えていなかったことがたくさん見えてきます。

「これは○だった」「ここは△だけだけどもう少し伸ばせば○になる」と考えていると、そのためにどんな働きかけをすればいいのかもわかってきます。

それを毎日積み重ねていると、子どもが自立していくための基礎能力は着実に伸びていきます。検査表の空欄も埋まってきますから、それを見ていても子どもの成長を実感できます。

継続してチェックした検査表のデータは、親が子どもを伸ばすための高レベルの科学的なデータになり、家庭教育に生かすことができます。それによって、子育ての時間とエネルギーも無駄にしなくなります。

子どものことを感覚や抽象的な判断ではなく客観的な判断で理解できるので、漠然と感じていた不安が軽減します。同時に、改善できる課題がいくらでもあることが見えてきて、今すぐにできることがたくさんあることに気づかされます。

それまで子どもの発達状態が不安で苦しんできた親が、じつは自分たちが気づかなかっただけで、子どもには自ら伸びる素晴らしい力が備わっていることに気づくことも多いのです。

△が○になる項目が増えていくと、子どもの成長が具体的に見えてくるため、子どもの可能性を前向きに受け入れやすくなります。その分、親子関係がプラスに回転し

はじめます。

発語ノートを併用して効果アップ！

発達検査表の項目の他に、言語面での成長を把握するために、ぜひ「発語ノート」を作って記録してください。発語ノートを記録すると、子どもがどんなことを理解しているのか、何に関心があるのかなど、理解語の傾向が明確になります。

発語ノートは、アイウエオ順に子どもが発した言葉を記録していくだけで構いません。ノートが1冊あれば、今すぐ始められます。パソコンやスマホに入力して、傾向を分析するのも良いでしょう。

お母さんが気づいた子どもの発語をお父さんに報告し、お父さんが記録するというのも良い方法です。夫婦のコミュニケーションにもなりますし、両親が揃って子どもをほめるきっかけにもなります。

△を増やすためには、教え方に工夫を

発達検査表の項目の中には、難しくてなかなか△がつかない項目もあります。こうした項目は、闇雲に練習させても、子どものストレスになってしまいます。

△をつけるコツは、親が指導者になって、動きなどを合理的に分解して少しずつできるようにしていくことです。

たとえば、逆上がりを教えるなら、まずは腕の筋力や足の蹴る力をつけることから始めてみましょう。動きを分解して少しずつできるようにすれば、自信がついて恐怖心がなくなり、次のステップへ進めるようになります。

そして、1回できるようになったら、次の日には2回できるようになり、その次の日には3回できるようになります。

お子様氏名
生年月日　　年　月　日
記入者
記入日　　年　月　日

△印	○印	社会面の検査項目１
		人の顔をじっと見つめることがある
		あやすと、にっこり微笑む
		顔を動かして周囲を見渡すしぐさをする
		人を見るとにこっと笑うことがある
		そばに人が居なくなると不安そうになって泣く
		複数の人の中から母親を捜せる
		人見知りをすることがある
		母親と外に出ることを喜ぶ
		手に触れたものを口に入れようとする
		テーブルの上のものが気になって取ろうとする
		寝る時間、起きる時間が安定している
		小動物や動くおもちゃに興味を示す
		手に持ったおもちゃを大人に手渡しできる
		欲しい物があると近くの人に伝えることができる
		人形や動物のぬいぐるみで遊ぶことを喜ぶ
		赤ちゃんを見ると近づいて触りたがる
		「～を持ってきて」と言うと、お手伝いしようとする
		自分でうまくできると、パチパチと手をたたいて喜ぶ
		「ダメ」と言うと、ふざけてもっとやろうとする
		何かしたいことがあると、手を引っ張ったりして気を引く
		自分のしたいことには集中して続けることができる
		大人をまねてお手伝い（テーブルを拭くなど）の真似事ができる
		トイレに誘うと２回に１回はオマル（トイレ）で排泄できる
		おしっこをする前や、出た後にそのことを教える

△印	○印	社会面の検査項目２
		欲しい物があっても、言い聞かせれば我慢できる
		怒られそうになると、大人の注意をそらそうとする
		自分が、男の子か女の子かわかっている
		添い寝をすれば一人で寝られる
		一人でもシャツを脱ぎ着できる
		靴を一人で履くことができる
		食事の後片付けを手伝うことができる
		歯磨きの後、自分で口をすすぐことができる
		友達とケンカしたことを言いつけに来る
		他人と、物を貸したり借りたりできる
		ブランコなど遊具で遊ぶとき自分の順番を待てる
		信号の色の決まりがわかる
		一人で服の着替えができる
		ほとんどこぼさないで自分で食事ができる
		兄妹や他の子と自分を比べて嫉妬することがある
		家事のお手伝いができる(洗濯物を運ぶ、食事の用意など)
		服が汚れたら自分で着替えられる
		お腹が空いたとか、眠いとかを言葉で伝えられる
		自分の好きなおもちゃや服があると自慢する
		脱いだ服をきちんと畳むことができる
		買物をするにはお金を払うなどの社会ルールがわかっている
		バスや電車で空席が無いときは我慢して立つことができる
		トランプ遊びで大人と一緒に遊べる(ババ抜きなど)
		身体が汚れたら自分できれいにする(手足を洗う、鼻水を拭うなど)

△印	○印	社会面の検査項目3
		どんなに夢中で遊んでいてもオモラシをしない
		信号の意味など交通ルールがわかる
		危険な遊びなど、していいこととイケナイことを区別できる
		一つのことに集中して取り組むことができる
		ジャンケンのルールが理解できている
		遊びのルールを理解し守ることができる
		日常の挨拶がきちんとできる
		遊びに行くときは行き先を告げることができる
		自分の家族構成を理解している(父、母、兄、姉、弟、妹、私)
		電車の中など公共の場所でのマナーがわかる
		友達としばらくの間、仲良く遊ぶことができる
		歯磨きや着替えなど身の回りのことはひとりでできる
		年下の子に優しく接することができる(おもちゃを貸す、仲間に入れる)
		友達から誘われても嫌なときはハッキリ断ることができる
		横断歩道を一人で安全に渡ることができる
		友達とケンカをしても、すぐに仲直りができる
		集団でやる遊び(すごろくやかるた)で、みんなと仲良く遊ぶことができる
		オモチャ遊びなど、友達と譲り合って使うことができる
		遊んだ後の片づけがみんなとできる
		物やお金を拾ったとき、どうしたら良いかがわかる
		集団生活のルールを理解し、実行できる
		一人で左右を間違わずに正しく、靴を履くことができる
		他人の物を壊したときはキチンと謝ることができる
		遊びや生活のルールを友達に教えることができる

お子様氏名	
生年月日	年　月　日
記入者	
記入日	年　月　日

△印	○印	言語面の検査項目1
		大きな声で元気に泣く
		状況によっていろいろな泣き方をする(空腹時など)
		母親の声を聞き分ける
		かん高い声を出すことがある
		親しい人の声を聞き分けられる
		「いないいないばぁ」に反応して喜ぶ
		音楽を聴かせると喜ぶ
		人の言葉を真似しようとする
		怒る、楽しいなどの感情を声で表現する
		「こっちに来て」と話しかけると反応する
		「～はどこ？」と聞くと、物がある方を見る
		「パパ」や「ママ」など意味のある言葉をひとつ言う
		興味があると「アー」と言って意思表示する
		「パパ」「ママ」以外に意味のある言葉を3語くらい発する
		「ちょうだい」と話しかけると渡してくれる
		本を読んでもらいたがる
		「一つ」や「たくさん」などの量の区別ができる
		耳・目・口の区別ができる
		自分の名前を呼ばれると「ハイ」と言う
		「りんご」「キリン」など親の言葉を真似ることがある
		身体の部位名を5つ以上言える(目、手、足など)
		2語文を話せる(「ワンワン、行った」など)
		「もう一つ」の意味がわかる
		したくないことは「イヤ」と言える

△印	○印	言語面の検査項目２
		一人でも絵本を楽しんで見ている
		絵本に出てくるものの名前を指さして言う
		動作を表わす言葉が理解できる（歩く、振る、持つなど）
		鼻、髪、歯、舌、へそなどの区別ができる（３つ以上）
		頼まれたことを理解して行える（机の上の本を持って来てなど）
		「きれいね」「美味しいね」などと感情表現ができる
		大人との会話ができる
		食前・食後の挨拶ができる
		親切にしてもらうと「ありがとう」と言える
		「～だから」と因果関係を使って話ができる
		友達の名前を１人～２人言える
		親しい人と電話で話すことができる
		「昨日」「明日」の意味が理解できている
		何に使うものか？　品物の用途を３つ以上言える
		１～50までの数唱ができる
		指示されたことを3つ以上実行できる（「戸を開けて、皿を出して…」など）
		見たことを順序よく話せる（家から花屋さんを通ってスーパーへ行った、など）
		簡単な問いに正しく答えられる（「お父さんの車の色は？」など）
		１～20の数字が読める
		反対語が５つ以上理解できる
		20までの数字で、一つ前の数字が言える
		生活体験を話せる（「動物園で象を見た」など）
		間違った文の誤りがわかる（「チューリップは食べ物です」）
		しりとり遊びができる（２人で５つ以上）

△印	○印	言語面の検査項目３
		幼稚園や保育所の先生の名前が一人以上言える
		「ピョンピョン」「てくてく」といった擬態語を正しく使える
		品物の名と用途を10個以上言える（掃除機、時計、茶碗など）
		家族全員の名前を言える
		やさしいなぞなぞ遊びができる（冷たくて白いものなあに？）
		童謡を３曲以上きちんと歌える
		反対語が10以上わかる
		自分の家の住所をきちんと言える
		複数の助数詞を使い分けられる（○個、○枚、○匹など）
		身体の細かい部位まで10個以上言える（睫毛、まぶたなど）
		幼児語をほとんど使わずに話せる
		０から５まで数字と物の数の対応を理解できる
		ひらがながほぼ読める
		「〜するもの教えて」と聞くと、3つ以上答えられる（書くもの、着るものなど）
		文の復唱が正しくできる（僕の顔には目が二つ、鼻が一つなど）
		カルタ取りができる（できれば読み手も）
		1〜100までの数唱ができる
		自分の誕生日（生年月日）・年齢を言える
		鳥、果物の名前を５種類以上言える
		20→１までの数唱（逆唱）ができる
		今日は何年・何月・何日・何曜日が言える
		物語本のストーリーが理解できる（昔話、童話など）
		１分間に言葉（単語）を20以上言える
		わからないことがあると辞書や図鑑で調べられる

お子様氏名	
生年月日	年　月　日
記入者	
記入日	年　月　日

△印	○印	知覚面の検査項目1
		手を握ったり、開いたりする
		動くもの(玩具や人など)を目で追う
		ガラガラなどを握る
		玩具を舐めて遊ぶ
		自分から手を伸ばしておもちゃを取ろうとする
		小さなものなら摑もうとする
		片方の手に持ったおもちゃなどをもう一方の手に持ちかえる
		手に持った積み木を落としたり、拾ったりする
		両手に持ったおもちゃを打ち合わせることがある
		手に持った物を放り投げることがある
		自分でストローを使って飲むことができる
		水や砂などの感触を楽しむことがある
		鉛筆を持ちたがる
		一人でコップから飲むことができる
		積み木を2個積み重ねることができる
		玩具を目の前で隠すと自分で取り出せる
		鉛筆を持って殴り書きができる
		コップからコップへと水を移すことがある
		引き出しを開けて物の出し入れができる
		シール貼りができる
		スプーンであまりこぼさずに上手に食べることができる(80%くらい)
		色の種類がわかる(赤・青・黄のどれか一つ)
		紐を穴に通すことができる
		ボタン(スナップ)をはめることができる

△印	○印	知覚面の検査項目２
		１枚ずつ本のページをめくることができる
		４ピースのジグソーパズルができる
		紙を細かくちぎることができる
		ネジのある蓋の開け閉めができる
		粘土をこねたり、伸ばしたり、ちぎったりできる
		お茶碗を片手で持って、もう片方の手でスプーンを使える
		手助けすると、ボタンはめができる
		ヒントを出すと答えられる（家の中で赤い物はなあに？　など）
		どっちが大きいか？　正しく答えられる
		顔の絵をそれらしく描ける
		上・中・下、前・後の違いがわかる
		○△□以外の形（長方形・楕円形・星形・ハートなど）が３つ以上わかる
		積み木を10個、積み重ねることができる
		親指から小指まで順に指を折ることができる
		縦・横の線をまっすぐ引くことができる
		指で２と３を示すことができる
		紙を四つ折りにできる
		ハサミで線に沿って切ることができる
		左と右の区別ができる
		紐を結ぶことができる（固結び）
		箸を正しく持ち、使うことができる
		ハンカチで物を包んで結ぶことができる
		「２番目に大きい」「３番めに長い」など順番がわかる
		５つの物を見せて隠すと、４つ以上答えられる

△印	○印	知覚面の検査項目3
		ピンセットで大豆を摑むことができる
		多くの図形の中から同じ図形を見つけられる
		ハサミで色々な形を切ることができる
		2つの物を見て大小・多少の違いが直感的にわかる
		一週間の曜日がわかる
		色の名称が10個以上言える
		折り紙の端をキチンと揃えて折ることができる
		粘土で人参やウサギを作ることができる
		同じ種類によって分類できる(蜜柑と林檎、ウサギと牛など)
		午前と午後の違いがわかっている
		紙飛行機を自分で折ることができる
		手本を見て簡単な図形を描くことができる
		ハサミと糊を使って工作ができる
		絵描き歌に合わせて絵を描くことができる
		親子でアヤトリができる
		簡単な折り紙(兜、飛行機など)ができる
		順列のルールがわかる(○△□, ○△□, ○…)
		硬貨の種類がわかる(1円、5円、10円、50円、100円、500円)
		積んである積み木の個数がわかる(隠れている部分も含めて)
		何時かがわかる(12時、3時、5時など)
		ブロックで形ある物(家や自動車など)を作れる
		似た図形の違いを見つけられる(五角形と六角形の違いなど)
		経験したことを絵に描くことができる(絵日記など)
		2つの物の性質の違いを説明できる(卵と石、木とガラスの板など)

お子様氏名

生年月日　　年　月　日

記入者

記入日　　年　月　日

△印	○印	身体面の検査項目1
		腹這いにしたとき、少しアゴを上げる
		腹這いにしたとき、頭・肩を上げる
		腹這いにしたとき、頭を45度くらい上げる
		腹這いにしたとき、手足をバタバタと動かす
		両足を支えると、足を突っ張って立つ
		仰向けから横に転がる
		仰向けから腹這いに、腹這いから仰向けに寝返りできる
		一人でお座りがしっかりできる
		物に摑まって立っていることができる
		ハイハイで前進ができる
		つたい歩きをすることができる
		手押し車を押して歩くことができる
		高這い（膝をつけずにハイハイ）ができる
		2～3歩、歩くことができる
		安定して一人歩きができる
		しゃがんで床にある物を拾うことができる
		後ずさりすることができる
		速く歩くことができる
		手を支えると、段差のあるところを跨ぐことができる
		高さ20センチ位の台から飛び降りることができる
		手すりに摑まって階段を上り下りすることができる
		身体を支えると、ボールを蹴ることができる
		「こっちに来て」と強く引っ張る力がある
		短い距離なら、しっかり走ることができる

△印	○印	身体面の検査項目２
		つま先立ちで２～３歩、歩くことができる
		横転（横にゴロゴロと転がる）ができる
		その場で１～２回ピョンピョン跳ぶことができる
		両腕を広げて真っ直ぐ歩くことができる
		ボールを転がして、目標物に当てることができる
		補助をすると、前転（でんぐり返し）ができる
		足を交互に出して階段を上ることができる
		イス（子ども用）などを持って歩くことができる
		ボールを足で蹴ることができる
		低いところを前かがみになってくぐることができる
		三輪車を自由に走らせることができる
		ジャングルジムに登ることができる
		どちらの足でも片足跳び（ケンケン）ができる
		馬とびの跳び方で台を跳び越すことができる
		水の入ったコップを持って、5メートル位こぼさずに歩くことができる
		45センチ位の高さから飛び降りることができる
		一人でブランコに座ってこぐことができる
		長縄跳びを１回跳ぶことができる
		片足で５秒位立つことができる（両足とも）
		ジャングルジムから降りることができる
		一人で前転が1回できる
		1.5メートル位離れた所から投げたボールを受け取ることができる
		縄跳びを一人で１～２回跳ぶことができる
		鉄棒で前回りができる

△印	○印	身体面の検査項目3
		棒のぼりの棒に5秒位、摑まっていることができる
		野球のボールを2〜4メートル投げることができる
		前後左右に跳んで移動できる
		20センチの高さのゴムひもを跳び越える
		ブランコを立ち乗りで、こぐことができる
		立ち幅跳びで70〜80センチ跳ぶ
		ボールをつくこと(ドリブル)が2回以上連続してできる
		スキップができる
		縄跳びが2回以上連続してできる
		前屈をして、膝を曲げずに足首に触れることができる
		足を押さえると、腹筋の運動ができる
		少し長い距離でも走れる(マラソンができる)
		ボールを投げたり受けたりすることができる
		しゃがんで足首を摑み、アヒルさん歩きが1メートルくらいできる
		足を押さえると、背筋の運動ができる
		片足で10秒位立っていることができる(両足とも)
		前転が2回以上連続してできる
		円の周りをスキップして回ることができる
		棒のぼりが途中くらいまでできる
		40センチの高さのゴム紐を飛び越えられる
		補助をするとブリッジができる
		リズムに合わせて身体を動かすことができる(ラジオ体操など)
		縄跳びが10回以上連続してできる
		鉄棒で逆上がりができる

スケジュール管理表

チェックした日	社会面		言語面		知覚面		身体面	
	△の数	○の数	△の数	○の数	△の数	○の数	△の数	○の数
初めてチェックした結果								
/　/								
２回目以降チェック（以下は△、○それぞれの増加数を記入する）								
/　/								
/　/								
/　/								
/　/								
/　/								
/　/								
/　/								
/　/								
/　/								
/　/								
/　/								
/　/								
/　/								
/　/								
/　/								
/　/								
/　/								
/　/								
/　/								
/　/								
/　/								
/　/								

3

子どもを伸ばす主役はお母さん

(一)子どもの成長はお母さんしだい

子どもを伸ばす主体はお母さん

私はこれまで5000家族以上の改善指導に当たってきました。そのなかで、わが子の発育が遅い、言葉が遅い、学習できないわが子と、どう向き合ったらいいのか、可能性を伸ばすにはどうしたらいいのかわからず、不安を抱えたまま過ごしてきたという親御さんの声をたくさん聞いてきました。

とくに最近は、発達障害や、そこまではっきりはしないが発達障害のグレーゾーンにいる子どもを抱えて途方にくれている親御さんのご相談を受けることが増えています。

親御さんと向かい合ったとき、最初に必ずお話ししていることがあります。「あなたのお子さんはエジソンやアインシュタインと同じ天才の卵です。絶対に諦めないでください」

この言葉を聞いて、たいていの親御さんは驚かれます。ふつうに成長してくれるだけでいいと思っておられるからです。でも、私がお話ししていることは、最新の脳科学と実践指導の積み重ねに裏付けられた結論なのです。

子どもの成長にもっとも大きな影響をもつのは親御さん、とくにお母さんです。子どもといちばん密接な関係にありますし、誰よりも近くで子どもの変化を見ています。ですから、子どもを伸ばす主体もお母さんなのです。とくに子どもが小さい時期ほどそうです。

「エジソン・アインシュタインメソッド（EEメソッド）」でも、子どもを伸ばす主体は、あくまでお母さんであると考えています。

お母さんの意識を変えよう

親が育てにくいと感じる子どもに共通している特徴があります。それは、脳がふつうよりもはるかに敏感に反応してしまうということです。多動やパニックなどを起こしやすいのも、そのことが関係しています。

こうした子どもは、自ら周りに働きかけようと行動を起こしません。というより行動できませんし、やらせようとしてもやりません。脳が敏感に反応しすぎて混乱するのを避けているのです。そのままでは成長が遅れていきます。

いちばんいいのは、親（とくにお母さん）の愛情あふれる働きかけです。もっといえば、それしかないのです。親が諦めてしまったら、子どもはそのままになってしまいます。

EEメソッドという名前の由来にもなっているトーマス・エジソンは、子ども時代、発達障害があり、学校では問題児として扱われ、退学させられています。それでも、お母さんは教師代わりになって家庭学習を行ない、彼の天才性を大きく開花させたのです。

もしエジソンのお母さんが、この子はふつうと違っていて育てにくい、敏感すぎて扱いにくいと諦めたら、世紀の発明家エジソンは誕生していなかったでしょう。

子どもの成長は、親の意識次第でまったく違ってくるのです。この子は育てにくいと思っていた親の意識を変えれば、子どもへの働きかけ方も自ずと変わってきます。脳が敏感な子どもに適した働きかけができれば、それまでがウソだったように、ぐんぐんと子どもは伸びていきます。

ＥＥメソッドでも、親の意識が変わると、発達障害と診断された子どもでも短期間で劇的な変化を遂げています。

(二)子育ては親育て

子どもの脳は10歳までが勝負

新生児の脳の重さは３００〜４００グラムですが、３歳までに１２００〜１３００グラムへと急成長します。日本人の成人男性の脳は１４００〜１５００グラムですから、短期間に大人の脳の量の85％以上まで拡大してしまうのです。この時期を「脳の量的拡大期」といいます。

この時期は、悪いほうに変わるのも早いのですが、良いほうに変わるのも早く、脳に異変があっても、指導が早ければ早いほど変わるスピードも早くなります。つまり、可塑性が高い時期なのです。

実は、ここまでのお話は真実の半分でしかありません。確かに、脳は乳幼児期に量的に拡大します。しかし、問題は「量」ではなく「質」なのです。

脳には「質的に90％が固定化される時期」があります。それが6～9歳です。つまり、5歳までに脳のレベルを高めても、6～9歳の時期に手を抜くと能力は定着しない、場合によっては「表から消えてしまう」のです。そこで、この時期にフォローアップを行なうことが脳の質を高めるうえでは非常に重要です。

子どもの知能指数（ＩＱ）は、10歳以降はあまり変化しないといわれています。これを裏付けるように、小学校の先生の多くはこのように言っています。

「小学3年生の終了時の通信簿を見れば、その子の将来のレベルが90％の確率で予想できる」

また、帰国子女で英語がペラペラという幼児が最近増えています。ネイティブのように感覚的に理解し、感覚的に話す能力です。しかしどんなに英語ペラペラの幼児期を過ごしても、6歳になる前に日本に帰国してしまうと、「ネイティブのように感覚的に理解して話す能力」がなくなったかのように現れなくなってしまうのです（これは、表面上現れなくなっただけで、完全に忘れてしまうとは限りません）。

しかし、一緒に帰国した10歳過ぎのお兄ちゃんやお姉ちゃんがいる場合には、お兄ちゃんお姉ちゃんはバイリンガルになるケースが大半です。

6歳以降、子どもが幼稚園や保育園を卒園して小学校に入学すると、多くの親は安心してしまいます。そして、それまで熱心に家庭教育を行なっていた親でも、手を抜いてしまいがちになります。6歳まで子どもが吸収したことを固定化するには、その後の9歳までの過ごし方が重要なのです。

ですから、「10歳までで子どもの将来が決まる」という気持ちで家庭教育に取り組んでほしいのです。

これまでの常識は無視していい

世の中には、医者や教育者、心理学者など「専門家」と称される人々がごまんといます。しかし、これらの「専門家」に相談すると、ほとんどの場合「しばらく様子を見ましょう」と言われるだけです。さらに発達障害についていえば、「治らない」と言われてしまうのが、これまでの常識でした。

こうした現在の教育や医療の在り方に、私は大いに疑問をもっています。

歴史を振り返ると、常識は時代によって変わるものです。新しい視点、新しい事実、新しい結果の積み重ねによって常識は変わっていくのです。ですから、真実を見抜くには、失敗した方法と成功した方法を見分ける目が重要になります。ですから、専門家が言う古い常識に囚われていると、いつまでも先に進めません。

そのための方法は実にシンプルです。子どもの様子をこまめにチェックして、子どもが伸びていたらその取り組みは成功している。伸びていなかったら間違えている。それだけです。間違えた取り組みにしがみつかず、無視して、成功した取り組みを粘り強く続ければよいのです。

これまでの常識では「治らない」と言われていたのですから、その常識に安住している専門家に任せていたら、絶対に子どもを伸ばすことはできないでしょう。これまでの常識ではなく未来の常識で、子どもを伸ばすことを考えましょう。

子育ては「親修行」である

母親の卵子と父親の精子が結合して、一個の受精卵になり、その瞬間に子どもの命は発生します。しかしこの段階ではまだ、脳という臓器は存在しません。その後、280日前後の時間をかけて受精卵は細胞分裂を繰り返しながら成長し、体重3000

グラム前後の胎児にまで成長します。その間に、脳という臓器も形成されます。

人間の脳は、遺伝的な要素のほかに、五感からの刺激を受けることで脳細胞同士が連携し合い、神経回路ができることで形成されていきます。この神経回路は脳を機能させるいちばんの基盤となるもので、これが数多く形成されるほど脳の密度が高まり、頭脳が向上していきます。

神経回路の形成を促すのは刺激です。胎児期には母親の胎内音などの刺激を受けます。生まれてからも、授乳などお母さんとの接触で刺激を受けます。さらに周りからさまざまな刺激を受けて神経回路が形成されていきます。ですから、小さなときほど子どもの脳はお母さんからの刺激に慣れ親しんでいるのです。

では、子どもの脳の成長に父親の存在はどう影響するのでしょうか？　お父さんの最大の仕事は、お母さんの笑顔を増やすことです。人一倍敏感な子どもは、お母さんの小さなストレスでも刺激として感じとるからです。

ストレスは子どもの成長の最大の敵です。ストレスを感じた脳は興奮状態になり、脳内の毛細血管に炎症を起こします。その炎症によって、脳細胞間の連携が悪くなり、精神のコントロールを失い、異常な行動つまりパニックが始まります。

お母さんのストレスをやわらげるのは、お父さんの役割です。ですから、たとえEEメソッドを行なっても、夫婦が非協力的だとなかなかうまくいきません。反対に夫婦が協力的だと、お母さんのストレスは少なく笑顔も増えるので、子どもの改善効果は倍増します。

こういうお話をすると「親業」を思い浮かべる方がいますが、そうではありません。子育ては「親修行」なのです。子どもによって、親が学ばせられることは山のようにあるのです。

(三)お母さんの笑顔とほめ言葉が子どもの自信を育てる

笑顔のほめ言葉が自信を育てる

この子は育てにくいと感じているお母さんは、子育てに大変なストレスを抱えています。それで夫婦仲が悪くなったり、ストレス太りをしたりすることもあります。深刻な場合は、子どもとの接し方がわからなくなり、虐待にはしることもあります。相談指導をしている親御さんのなかにも、実は子どもを虐待したことがあると告白してくる方が少なくありません。

それでも、お母さんが意識を変えて、逃げずに子どもの可能性を信じて働きかけを続けていると、子どもは改善し必ず天国が待っているのです。言葉をかけても反応がないし、目を合わせることもなかった子どもでも、親になついてきて、感情の交流ができるようになります。

こうなると、親は子どもとの関わりに自信が持てるようになります。夫婦仲がよくなり、ストレス太りだったお母さんが30キロも痩せたという報告を受けたこともあります。

親の使命は、将来子どもが自立して生きていくための基盤をつくってあげることです。それには子どもに〝自信〟をもたせることが大切です。自信をもつことで独り立ちしていくのです。

自信とは字のごとく自分を信じることです。そのためにどうしたらいいでしょうか。どんなに小さなことでも、できるようになったことをきちんとほめてあげる。それだけで子どもは驚くほど自信をもつようになります。

自信の「信」という漢字は「人」と「言葉」から出来ています。この「人」とは頼りにしている親のことです。ですから、信頼している親の言葉が大事なのです。小さいときほど、子どもは母親を信じて頼りにしています。だからこそ幼児期に、母親が愛情たっぷりにほめる言葉が、子どもにとって自信をもつために重要なのです。

子どもが改善するときは親の笑顔が増えている

ほめるときに一つ注意してほしいことがあります。いいことがあったらほめればいいのですが、いちばんは子どもの成長に気づいてほめることです。とくに脳が敏感な子どもは、親の気持ちにも敏感です。親が本当に子どもの成長に気づいてほめているのか、子どものことが不安で、何となくほめているだけなのかを敏感に感じとります。後者のような状態が続くと、子どもは親の不安を感じないようにしようとして親の言うことに反応しなくなったり、反対に過剰に反応したりするようになります。

子育てに不安を抱えたまま何とかしようと一所懸命になっているお母さんは、坂道を上る車（子ども）を運転するドライバーに似ています。お母さんは必死になるほど、子どものアクセルを踏みます。でも、坂道を上る子どものエンジンは苦しくなるばか

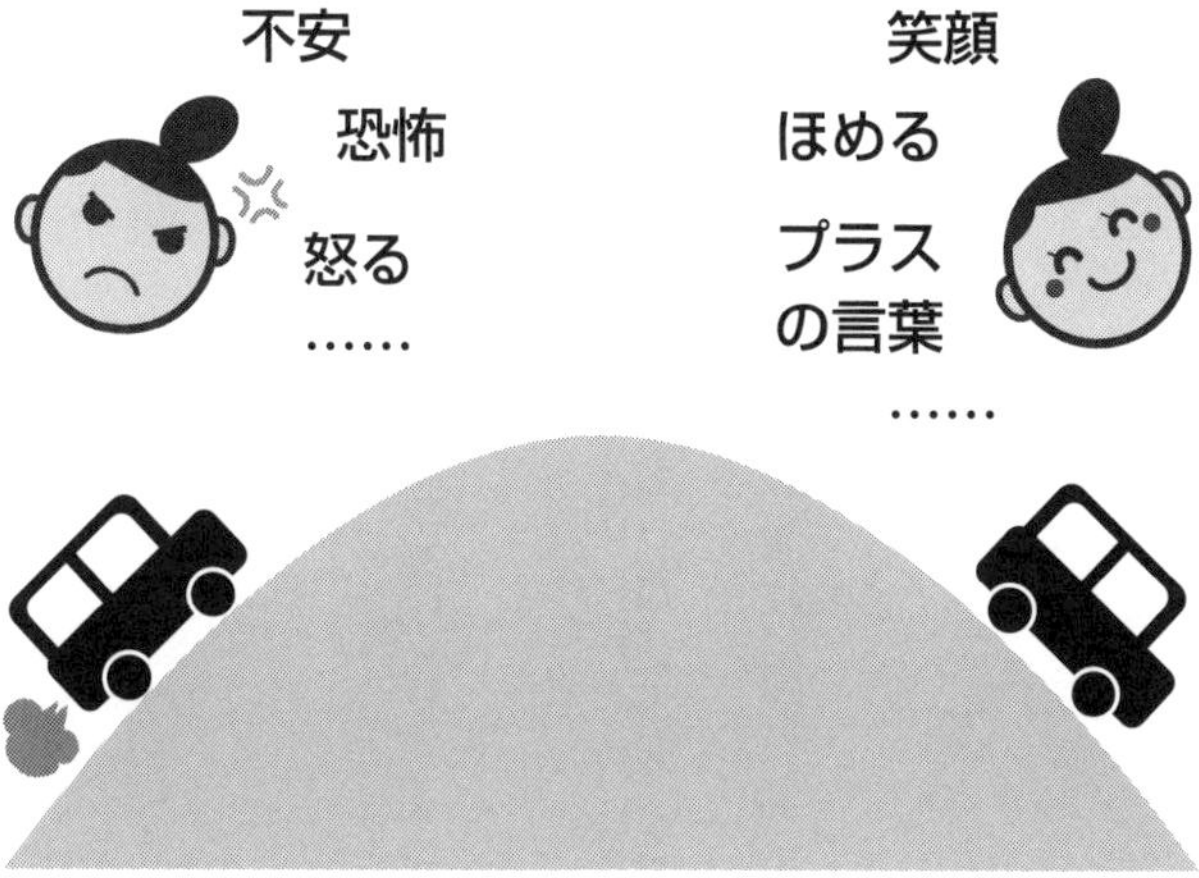

りで、スピードは出ません。

このとき、お母さんがこの子は大丈夫と信じ、いつも笑顔でいれば、子どもは坂道を下る車のように軽くアクセルを踏むだけでスピードに乗って走っていきます。

どんなに育てにくい子どもでも、笑顔でほめてくれるお母さんの愛情があれば必ず改善し、成長していきます。それは、私たちが５０００以上の家庭の相談指導を通してわかったことでもあります。

子どもが劇的に改善する前に必ず母親の笑顔が増えるという現象が起こるのです。どんなことより母親の笑顔が子どもを改善させるのです。ですから、子どもを伸ばしたかったら母親の笑顔を増やせばいいのです。

競争社会の中で揉まれているお父さんにもお願いしたいのです。お父さんの家庭での役割は、威張ることではなく、お母さんが愛情たっぷりに、笑顔を絶やさず、子どもさんに接することができるようサポート役に徹することです。

㈣敏感な五感を活用して情報をインプット

敏感な右脳は素晴らしい能力を秘めている

脳が敏感で周囲からの刺激に反応しやすいと、感情のコントロールが難しくなり、パニックに陥りやすくなります。

人間の脳は左右でまったく違う働きをすることは知られています。一般に左脳は言語、概念、論理的思考などをつかさどります。一方、右脳はイメージ、絵画、図形、空間パターン（形態）認識、音楽、直感（ひらめき）、感情などをコントロールしているといわれています。

とくに右脳は見たまま、聞いたまま、感じたままを認識し、それを潜在意識に記憶させます。イメージしたこと、直感したことを瞬間的に記憶することも得意です。このような潜在意識の記憶容量は、左脳の比ではありません。

一方、左脳は言語と理論でじっくり考えたり、計算したり、それらを記憶する機能をもちます。学校で国語や算数を考えながら学ぶときは、主にこの左脳が機能しています。

普通、私たち現代人の脳は左脳が優位になりがちですが、人間として成長するには左脳と右脳がバランスよく働くことが重要なのです。ところが周囲からの刺激に敏感な子どもは右脳がかなり優位になっていて、左脳が正常に発達し機能していないことが多いのです。

たとえば、音に敏感な子どもは、ふつうの子どもだったら気にも留めない音にも反応してしまいます。それがストレスとなり、声をかけられても焦点を合わせられず、子どもはあっちのほうを向いているといった現象が起こってくるのです。奇声を上げる、落ち着いて座っていられない、目が合わない、言葉が遅れるなどの反応もまた、右脳が敏感すぎて右脳と左脳のバランスがとれなくなった状態です。

これは裏を返せば、音にかぎらず右脳が高機能を発揮しているともいえます。そのため、ふつうの子どもなら反応しないようなわずかな右脳への刺激にも豊かに反応できるのです。ですから、右脳が敏感だから育てにくいと悩むのはまちがいです。その脳は素晴らしい能力を秘めているのです。それを効果的に活用すれば、いくらでも子どもを伸ばすことができるのです。

脳が敏感な子どもは、他の子ども以上に五感を多用しています。それだけ五感が研ぎ澄まされているともいえます。それは素晴らしい能力です。自己コントロールする基礎能力が高くなれば、その優れた能力をうまく活用して、子どもを一気に伸ばすことができるのです。

たとえば音に敏感ならば、音響関係で超一流を目指すことができるでしょう。1ピッチの違いはもちろん、わずかな音の違いまで感じとれます。ピアノの調律師として、世界中のコンサートホールから引っ張りだこになることだってあり得ます。

味に敏感だったら、三ツ星レストランのシェフも夢ではないでしょう。匂いに敏感だったら香りの世界で、色に敏感だったら色彩の世界で、形に敏感だったら造形やデザインの世界で活躍できるでしょう。

事実、ＥＥメソッドを実践した子どもたちのなかからは、そうした子どもたちが次々と育ってきています。

私は、こうして子どもたちの才能を活かすことができれば、必ず未来社会に大きく貢献してくれると確信しています。少子高齢社会の難局を乗り越える力にもなってくれるでしょう。育てにくいと思っていた子どもたちが社会の負担になるのではなく、地球の未来を大きく変えるカギをにぎっている。私は、そう考えています。

敏感な右脳を左脳の育成に活用

そのために私が考案したのは、はじめから左脳に働きかけようとするのではなく、まず反応の良い右脳に働きかける方法です。右脳に働きかけながら、発達が遅れている左脳を連動させていくと、右脳と左脳がバランスよく機能するようになります。

何より、こうすることで敏感な右脳にストレスをかけずに働きかけることができるのです。

敏感な右脳は、高性能のマイクのようなものです。こうしたマイクは拾いたい音声だけでなく、周りのノイズまで拾ってしまいます。このノイズが多ければ多いほど、マイクを通して伝わって来る音声は乱れるため、本来聞きたかった音声も聞きづらくなります。

敏感な脳も同じです。本来集中したい情報の他にノイズのような雑多な情報も入って来るため、必要な情報に集中しづらくなり、脳はパニックを起こすのです。

敏感な脳が必要とする情報だけを送り込むためには、できるかぎり脳にストレスを感じさせないアプローチが必要です。

高速道路を走っている車を想像してみてください。同じようなスピードで走っている周囲の車はゆっくり走っているように見えるので、しっかり目に入ります。ところが、周辺の間近の景色はよく見えません。

この車と同じ状態にあるのが敏感な脳です。ゆっくりインプットされる情報は受け取りにくい半面、高速でインプットされる情報はストレスを感じることなく、しっかりキャッチできます。この原理を利用したのが、高速で情報をインプットする方法（超高速楽習法）です。

実際、私が親御さんの前でこの超高速楽習法をやってみせますと、それまでは、まったく一つのことに集中できなかった子どもが、驚くくらい集中します。それを見て、親御さんが手品ショーを見ているように驚かれますが、敏感な脳に適合した方法でアプローチしているだけなのです。これは、大脳生理学にのっとった、きわめて効果的な教育方法です。

超高速楽習法の「フラッシュカード」には、絵と共に、示すひらがな、カタカナ、漢字、英語でその名称が記されています。

たとえば動物ばかりを集めたカードの場合、「犬」「猫」「ライオン」などと名前を読み上げながら、超高速で絵カードをめくっていきます。このとき、私は子どもの反応を見ながら速度を上げていきますが、ある速さのときに子どもの集中が一気に高くなるのがわかります。

なぜわかるかというと、カードに目の焦点が合って、じっと見続けはじめるからです。カードに集中しているとき、子どもの体は動きません。おそらく脳はフル回転しているのでしょうが、その子の態度は「落ち着いている」のです。これが外見上、安定している状態です。

それまで何をやっても集中できなかった子どもがカードに集中するので、その様子を見ていた親御さんは、ひっくり返るほど驚かれます。しかも、子どもたちは、カードに記載されていたことをほとんど正確に記憶するのです。

一方、じっと座っていられない、集中できないのは「入力のスピード」が遅すぎるからです。遅いから飽きてしまって面白くないので、目がキョロキョロし、ウロウロしはじめるのです。スローペースのインプットは敏感な脳にとっては、ストレスになるだけです。


親子面談に来られるまで、発達障害のあるお子さんの将来に絶望していたお母さんは、私から「このお子さんは、ハーバード大学だって行けますよ」と言われて、「このおじさん、何を言っているんだろう」と思ったそうです。その後、私がお子さんにカードをやってみると、見事に反応するわが子を見てビックリしていました。

この子は、電車が好きで四六時中「デケデケ」「ガタガタ」などと電車の線路音をまねる癖がありました。EES協会は駅近くにあり、電車が通るとガタン、ゴトンという音が窓越しに聞こえます。お母さんは、お子さんが面談中も電車の音に気を取られて迷惑をかけるのでは、と内心ヒヤヒヤものだったとのこと。ところが、超高速でめくられるカードに目を点にして見入るわが子の姿に驚いたそうです。

それで、自宅に戻ってから同じように私をまねてカードを試してみました。お母さんが早くめくるカードに反応するわが子を再度目の当たりにしました。それまでは、発達障害があるので一生このままだと悲観ばかりしていましたお母さんですが、初めて、「やれば伸びる。無理じゃないんだ」と希望が湧いてきたそうです。

ここでは、読者のみなさんがＥＥメソッドのカードを使って、家庭で実践できるインプット方法を五つに整理して紹介します。

⑴五感で把握しやすいカードを用意する

五感から情報をインプットするには、フラッシュカードのように視覚を活用した教材が有効です。ただし、一般的なフラッシュカードは、表面に絵だけのものが多いのですが、ＥＥメソッドでは絵とその名称を示すひらがな、カタカナ、漢字、英語が併記されているものを使っています。

実は、子どもにとってはひらがなやカタカナよりも漢字のほうが覚えやすいのです。なぜなら、ひらがなやカタカナは表音文字ですが、漢字は象形文字で表意文字だからです。右脳が敏感な子どもは、絵を覚えるように漢字を覚えられるのです。

とはいっても、幼少期から子どもたちが実際に接する絵本は絵とひらがなで成り立っています。ですから、ひらがなを教えなければ子どもは絵本を読むことができません。それで、カードには絵とひらがな、カタカナ、漢字、英語をセットにして表示しています。こうすると、子どもは文字と映像をセットで右脳にインプットし、次に左脳に連動させるようになります。

ところが、超高速楽習用のカードではなく、絵だけを表面に描いたカードを読み上げることで代用すると、子どもの脳には音と映像しか入りません。いつになっても文字に反応することができないのです。優位になっている右脳を使ってインプットするために最も大切なことは、絵と文字がセットになっていることです。

ですから、絵だけが載ったカードがあるなら、そこにひらがな、カタカナ、漢字、英語を書き込んでください。あるいは、絵とひらがなが載ったカードがあるなら、さらにカタカナ、漢字、アルファベットを書き込んで使ってください。

ＥＥＳ協会で使用しているカードは16のジャンルで構成されています。「動物・鳥・

昆虫」「水の中の生き物・植物」「食べ物・飲み物」「野菜・果物・菓子」「身に着ける物・自然」「地理・形・色・カレンダー」「日用品・お金」「人の体・職業・家族」「文房具・乗り物」「町の中・田舎」「スポーツ・遊び・楽器」「家・家の中にある物」「反対語」「会話・動詞1（反対語）」「動詞2」「動詞3」。カードの枚数は各ジャンルごとに100枚ずつです。

カードの大きさはA5判サイズです。めくりやすさと、子どもが見やすい大きさということで、このサイズにしています。

カードの表面（子どもに見せる面）には、たとえばカブトムシのカードなら、カブトムシの絵柄とともに、「かぶとむし・カブトムシ・兜虫・beetle」といった具合に、ひらがな、カタカナ、漢字、英語の文字が書かれています。

カードを読み上げながらめくる親が見る裏面には、カブトムシの絵柄は小さく載っていますが、「かぶとむし・カブトムシ・兜虫・beetle」の文字は親が読み上げやすいように、表面より大きくなっています。

このカードを参考に手作りされてもいいでしょう。まずカードの用紙は、少し厚めの紙（A4判クラフト紙を半分にしてA5判にする）を使います。絵心のあるお母さんでしたら、手描きされてもいいでしょう。そこまで自信がないようでしたら、できるだけ対象物の形状が正確に描かれていたほうがいいので、デジカメで撮影した画像や、写真の無料素材のサイト（「無料写真素材　写真ＡＣ」https://www.photo-ac.com/など）からダウンロードした画像をプリントして使うようにします。

たとえば動物のカードをつくるとします。一般に子どもに人気のある動物園の動物は、ゾウ、パンダ、キリン、ライオン、コアラ、トラと続くようです。身近にいる動物は犬とか猫でしょう。

こうした動物の画像を入手し、プリントしてカードの片面に貼り付けます。入手した画像には、動物の背景にいろいろなものが写っている場合もあります。そのときは、動物以外の部分はハサミでできるだけ切り取ってください。背景のあるまま貼り付けると、子どもの意識が動物以外にも向かってしまい、脳が混乱するからです。

この作業が終わったら、次はもう一方の面です。同じように動物の画像を貼り付け、ひらがな、カタカナ、漢字、英語を書き込みます。画像は小さめで大丈夫ですが、文字は親が読み上げやすいように大きめに書いてください。これでカードが一枚完成で

EES 協会で使用しているカード。左側が子どもに見せる表面。右側は、読み手である親御さんが見る裏面。サイズはＡ５判（148×210 センチ）

左側のカードを子どもに見せると、象の背景に木や草が写っているので混乱します。
右側のカードのように背景を切り取り、絵柄と言葉が１対１の関係で認識できるように作ります。

インターネット上には、すでに背景が切り取られた画像をダウンロードできるサイトもあります。ただし、利用に際しては注意書きにも目を通して正しく活用しましょう。

す。

同じようにして、別の動物のカードもつくってください。

動物の画像をスキャンしてパソコンに取り込み、画像処理ソフトで動物だけを切り抜いてからプリントするといいでしょう。きれいに出来上がります。それが難しければ、画像をそのままプリントしてハサミで切り取って貼り付けてもいいでしょう。

先ほどの写真の無料素材のサイトでは、素材によってはすでに背景を切り抜いた画像を探すこともできます。

カードは、1秒に2枚程度のスピードでめくっていきます。そのために操作しやすいサイズ、見やすいサイズとして、先に紹介したようにEES協会のカードはA5サイズのものにしています。

パソコンで画像や文字をデザインし、そのままプリントされるなら、プリントできる範囲で厚めの紙を利用してください。おそらく紙はA4サイズのものが多いと思いますので、A5判2枚分をデザインし、プリントしたあと、半分に切ってカード2枚にしてください。

枚数は、最初は負担なく簡単に取り組める10枚あるいは20枚程度から始めるといいでしょう。絵の題材は子どもが興味を示しそうなところからはじめてください。

１３９頁に、乗り物と昆虫、動物の例を挙げておきます。

カードを自作することによって、覚えさせる言葉の英語とかを調べたりすることを通して、お子さんへの愛情が深まり、親御さん自身の勉強にも一役買うことでしょう。

⑵子どもの反応を見ながら速度を調節する

カードをめくるスピードは、子どもの目を見ながら調節します。子どもの目が泳ぐようだったら、それは遅いということ。もっと速くめくってみてください。年齢が小さな子どもほど、速くする必要があります。

いろいろ速度を変えてみて、子どもの目が泳がなくなり、体も動かなくなったら、カードに集中しているしるしです。どんな子にも必ず集中できるスピードがあるので、一度で諦めずにいろいろと試してみてください。

同じ子どもでも日によって集中するスピードが変わります。ですから、毎回必ず目を見て確認するようにしてください。

何回かくり返しているうちに、落ち着いて座って見ていられなくなったら、それは情報がすでに頭に入ってしまって飽きているのです。子どもによっては、カード1枚の情報を0・5秒もかからず頭に入れてしまうこともあります。そういう子どもに対しては、どんどんスピードアップしてみるとよいでしょう。子どもに合わせた速度調節がポイントなのです。

(3)カードは必ず親が読み上げながらめくる

子どもは胎内にいるときから母親の声を聞いて育っていきます。ですから、生まれたあとも母親の声にいちばん反応します。これは、カードを読むときも同じです。親、とくに母親が読み上げながらめくっていくほうが、子どもの脳はよく反応します。

(4)余計な説明や確認は不要

カードを見せるときは、余計な説明はいりません。最初はカードを高速で見せながら読み上げるだけです。単語を復唱させるようなことは不要です。めくった後に「黄色はどれ?」などと確認するのもよくありません。

ただし、何度も見せた後で、確実に頭に入っただろうと思ったときは遊び感覚で質

乗り物20	①じどうしゃ	ジドウシャ	自動車	car
	②きゅうきゅうしゃ	キュウキュウシャ	救急車	ambulance
	③しょうぼうしゃ	ショウボウシャ	消防車	fire engine
	④ぱとかー	パトカー		patrol car
	⑤たくしー	タクシー		taxi
	⑥ばす	バス		bus
	⑦ごみしゅうしゅうしゃ	ゴミシュウシュウシャ	ゴミ収集車	garbage truck
	⑧じょせつしゃ	ジョセツシャ	除雪車	snowplow
	⑨れっかーしゃ	レッカーシャ	レッカー車	wrecker
	⑩でんしゃ	デンシャ	電車	train
	⑪ろめんでんしゃ	ロメンデンシャ	路面電車	streetcar
	⑫ちかてつ	チカテツ	地下鉄	subway
	⑬じてんしゃ	ジテンシャ	自転車	bicycle
	⑭さんりんしゃ	サンリンシャ	三輪車	tricycle
	⑮ばしゃ	バシャ	馬車	carriage
	⑯せんしゃ	センシャ	戦車	tank
	⑰にかいだてばす	ニカイダテバス	二階建てバス	double-decker
	⑱かんこうばす	カンコウバス	観光バス	sightseeing bus
	⑲くれーん	クレーン		crane
	⑳ぶるどーざー	ブルドーザー		bulldozer
昆虫20	①あめんぼ	アメンボ	水黽・飴坊	water strider
	②あり	アリ	蟻	ant
	③かげろう	カゲロウ	蜉蝣	mayfly
	④かぶとむし	カブトムシ	兜虫	beetle
	⑤かまきり	カマキリ	蟷螂	mantis
	⑥かみきりむし	カミキリムシ	髪切虫	longicorn beetle
	⑦かめむし	カメムシ	椿象	stink bug
	⑧くわがた	クワガタ	鍬形	stag beetle
	⑨ごきぶり	ゴキブリ	蜚蠊	cockroach
	⑩せみ	セミ	蝉	cicada
	⑪ぞうむし	ゾウムシ	象虫	weevil
	⑫ちょう	チョウ	蝶	butterfly
	⑬てんとうむし	テントウムシ	天道虫	ladybug
	⑭とんぼ	トンボ	蜻蛉	dragonfly
	⑮はえ	ハエ	蠅	fly
	⑯みつばち	ミツバチ	蜜蜂	bee
	⑰すずめばち	スズメバチ	雀蜂	hornet
	⑱こおろぎ	コオロギ	蟋蟀	cricket
	⑲ほたる	ホタル	蛍	firefly
	⑳みのむし	ミノムシ	蓑虫	bagworm
動物20	①うさぎ	ウサギ	兎	rabbit
	②かものはし	カモノハシ	鴨嘴	platypus
	③こあら	コアラ	子守熊	koala
	④こうもり	コウモリ	蝙蝠	bat
	⑤さる	サル	猿	monkey
	⑥たぬき	タヌキ	狸	raccoon dog
	⑦なまけもの	ナマケモノ	樹懶	sloth
	⑧もぐら	モグラ	土竜	mole
	⑨やまあらし	ヤマアラシ	山荒	porcupine
	⑩りす	リス	栗鼠	squirrel
	⑪ありくい	アリクイ	蟻食	anteater
	⑫かば	カバ	河馬	hippopotamus
	⑬かんがるー	カンガルー	長尾驢	kangaroo
	⑭きりん	キリン	麒麟	giraffe
	⑮さい	サイ	犀	rhinoceros
	⑯しまうま	シマウマ	縞馬	zebra
	⑰ぞう	ゾウ	象	elephant
	⑱とら	トラ	虎	tiger
	⑲らいおん	ライオン	獅子	lion
	⑳らくだ	ラクダ	駱駝	camel

問をしてみてもよいでしょう。

たとえば、2枚のカードを出してお母さんがニコニコしながら「赤はどっち？」と聞きます。このとき、指で指し示すなどの行動ができなくても、目が正解の方へ向けば充分です。確実に理解していると判断してかまいません。正解したら、気絶するほどほめてあげましょう。どれだけほめても、ほめ過ぎということはありません。

答えが間違っているときは、何も言わず、正しいカードを子どものほうに差し出すだけでかまいません。それだけで、正しい答えが子どもの頭にインプットされます。決して、「間違っているよ」「こっちが正解だよ」などと言ってはいけません。

⑸楽しく行なう

インプットも確認作業も、あくまで「楽しそうに」「遊び感覚で」やることがポイントです。それで、ＥＥメソッドでは「超高速学習法」とは言わず、「超高速楽習法」と呼んでいます。

カードを見せるのは、時間があれば朝昼晩の一日3回、できるだけ子どもが落ち着いている時間に行なってください。時間がなければ、一日2回、数分ずつでもかまいません。

子どもの集中が続けば、どれだけやってもかまいませんが、子どもが嫌がったら無理にやらせてはいけません。そうすると、カードを見るだけで逃げて行くようになります。

お母さん（またはカードを見せる人）は、笑顔でニコニコと楽しそうにやりましょう。笑顔でできない場合は、口角を上げてやりましょう。笑顔は家庭教育を成功させるうえでの、不可欠な技術なのです。

子どもがなかなか集中せず、立ち上がってウロウロするようなときでも、叱ったり、声を荒げたりしてはいけません。強制すると、子どものストレスになってしまいます。

たとえ子どもが見ていなくても、テンポのよい音楽などに合わせて、どんどんカードをめくりながら楽しそうに読み上げていってください。言葉がなかなか出てこない子どもに対しても同様です。子どもは見ていなくても、耳では聞いています。「楽しいことをやっている」と子どもが感じてくれると、そのうちに興味をもつようになります。言葉が出なかった子どもも、辛抱強くカードを読み上げながら超高速でめくっているうちに、言葉を認識するようになります。

4

子どもを楽しく伸ばす17のコツ

——5000家族以上の改善指導でわかったこと

ＥＥＳ協会を訪ねて来られる親御さん、とりわけお母さんたちのほとんどは、子どもの発育が心配で不安を抱えながらお来しになります。

「ここなら何とかしてくれるのではないか」そんなふうに期待してくださるのは、とてもありがたいことですが、すでにお話ししてきたように、子どもを伸ばす主役は親、とくにお母さんであり、伸ばす場は家庭なのです。

ＥＥメソッドは最新の脳科学に基づいていることはこれまでお話ししてきたとおりですが、同時に現場での改善指導を通じて、脳が敏感な子どもを伸ばすために効果的な指導法も確立しています。

この章では、読者のみなさんが家庭ですぐに実践できて、子どもを楽しく伸ばす17のコツについて整理して紹介することにします。

コツ1 脳の体質を改善する――発育トラブルのいちばんの原因は脳

発育トラブルには脳の健康状態も影響

みなさんは、お子さんに起こるトラブルは、子どもの体のどこで起きているのかと考えたことがありますか。

「なぜ、うちの子だけが？」とか「妊娠中の過ごし方がよくなかったのだろうか？」などと、人生の不条理を嘆いたり、悔やんだりしていないでしょうか？

発育が遅れていることについて、医師から「様子を見てみましょう」と言われ、その言葉を鵜呑みにして、本当は子どもの体の中で何が起きているのか考えることをやめていないでしょうか？

私がまずお母さんに受け止めていただきたいと考えているのは、「子どもの発育で起こるトラブルのいちばんの原因は脳にある」という点です。

車に置き換えて考えてみましょう。どんなに馬力のあるエンジンを搭載していても、どんなに良質のタイヤを装着していても、燃料のガソリンが無くなったら、ガソリンの質が悪くなったらエンジンはその能力をフルに発揮できません。ガソリンの質があまりに悪いと、損傷だってするかもしれません。

人間の体も同じです。血液の流れや質が悪ければ、臓器はエネルギーとなる酸素や栄養素が欠如するのでうまく機能しません。そして、脳にも同じことが言えるのです。ですから、脳の機能をよくするには、脳のトラブルを改善するには、脳における血液の流れと質をよくすることが必要なのです。

子育てにおいて、子どもの脳を成長させることは重要なテーマであるのに、これまでの教育法や療育法は、脳の健康状態にはほとんど踏み込まないままです。

脳に十分に酸素と栄養素を送る

子どもの周囲はストレスでいっぱいです。すでにお話ししているように、発育が遅い、言葉が遅い、学習ができない子ども、さらに発達障害のある子ども、グレーゾーンにいる子どもには脳が敏感であるという共通した傾向があります。そのために周りの出来事に過剰に反応してしまい脳が疲れてしまうので、集中して学習できなくなります。

脳の重さは、体重の2%ほどですが、エネルギー消費でみると全体の28%を消費していると言われています。これは、大人の場合です。

たとえば3歳の子どもの場合、五頭身であるといわれますから、体全体に占める脳の割合も大きくなります。概算しますと、40%くらいのエネルギーを消費していると考えられます。さらに脳が敏感な子どもですと、もっとエネルギー消費が大きくなり、50%くらいになっているのではないかと思います。

ですから、脳が敏感な子どもほど脳が酸素不足、栄養不足に陥りやすいのです。

そこで私は、そうした子どもの脳を疲れにくくするためには、脳に酸素と栄養素を十分に送り届け、疲労物質を回収することも重要であると考えました。

脳の血流改善だけで言葉が次々と出てくる!

これは医学的なデータに裏づけられた話です。強いストレスによって脳の血流が悪くなると、脳の中央にある脳梁《のうりょう》に血液がたまり、右脳と左脳の連携が悪くなるために脳機能は低下します。

脳梁は右脳と左脳を連携させる神経線維の束です。脳が強いストレスを受けたり、脳の血流が悪くなったりすると、その影響は脳梁にも現れると考えられます。

たとえば、お子さんの言葉が遅いと心配している親御さんが多くいらっしゃいます。しかし、ほとんどの場合は親御さんや周囲の言葉にちゃんと反応していて、脳の言語野は正常に働いています。それでも言葉が出てこないのは脳内で、言語野と、話すために必要な口や舌の筋肉を動かす分野の連携がうまくいっていないだけなのです。これが、脳の血流がよくなって改善されると、次々に言葉を発するようになり、誰より親が驚いたという話がよくあります。

脳には良質の脂肪と睡眠も大事

人間の脳が働くためには、良質の脂肪が重要な役割をになっています。

では、良質な脂肪とは、どのようなものをいうのでしょうか。

脂肪は温度が低くなると固まります。ステーキやすき焼き肉に牛脂がついて売られていることがありますが、火にかけるまでは固まったままです。手で触れても、バターのように溶けたりしません。ラードは豚の脂ですが、やはり手で触れたくらいでは、すぐには溶けません。ところが、牛や豚の体温は人間より高いため、牛や豚の脂肪をとると、人間の体内では固まりやすくなります。

一方、人間の体温よりも低い温度の水中を泳ぐ魚の脂は、少しぐらい低い温度では固まりません。ですから、動物性の脂肪をとるなら、牛や豚よりも魚の脂のほうが人間の体内で固まりにくく、血流にもよいのです。

そこでEEメソッドでは、和食中心の食事にして、肉よりも魚をたくさん食べることをすすめています。

また、和食中心の食事には、他のメリットもあります。それは、脳の炎症を引き起こすアレルギー源も除去しやすくなるためです。

ADHDのあるお子さんが、私との親子面談後、それまで1日2、3杯、牛乳を飲んでいたのをすぐ止めました。大好きだったピザやパンも止め、青魚中心の和食に切り替えました。学校給食の牛乳も止めました。お母さんによれば、牛乳を飲むと、急に怒りっぽくなりトラブルになることがあったので、「ひょっとして牛乳のせいなのかな」と思っていたそうです。

648グラムの未熟児で生まれ、小学校に入ると言葉の遅れ、学力が低いという指

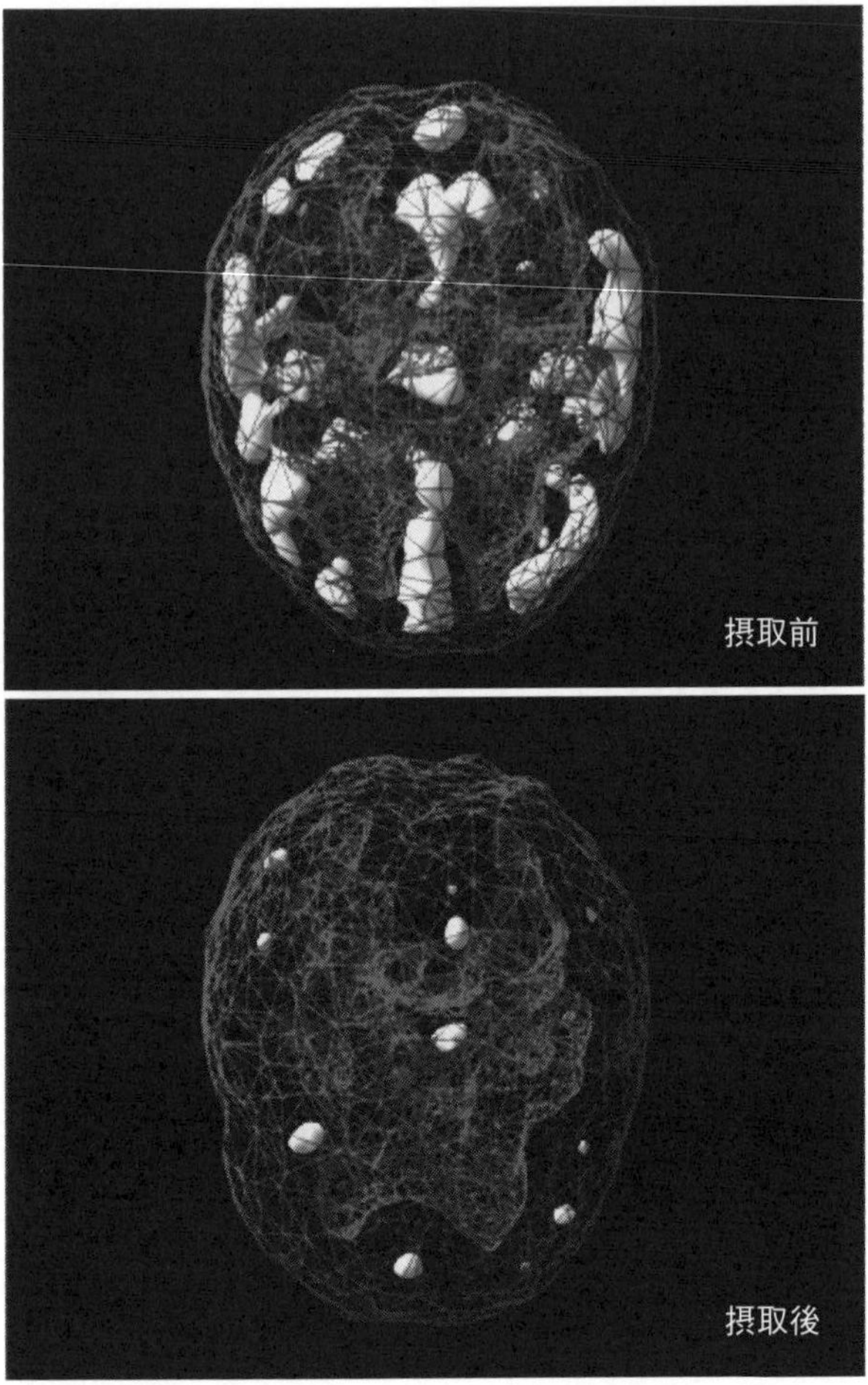

アメリカのシアーズ博士は、ADHDの児童にフィッシュオイル（EPAやDHAなどの「長鎖オメガ-3脂肪酸」）を8カ月摂取させ前後の脳内の血流変化を調べた。グレーの網の目は血流が潤滑な部分、白い固まり部分は血流の停滞を示しています。摂取後は脳全体に血流が行きわたっていることがわかります

摘を受け、友達を叩くなどの問題行動を繰り返していたお子さんがいます。幼稚園まではご飯を一膳も食べたことがなく、ゼリー状のカロリーメイトを好んで食べていたそうです。そのため、便秘もひどかったそうです。

それがEEメソッドに取り組むようになって、お肉やハンバーグなどの洋食を減らす一方、ひじきの煮物や納豆などを一品、二品と取り入れ、昔ながらの和食に替えていきました。すると、それまで3、4日に一度だった便通が1日おきになりました。

ある日、先生から学校での友達とのトラブルがまったく無くなったと言われたそうです。友達を叩いたり蹴ったりして、担任の先生から毎日のように注意されていた頃とは別人のようです、とお母さんがうれしそうに語ってくれました。

食事のほかに、脳には睡眠も大事です。深い睡眠がとれると体力が回復しますが、脳のストレスもとれます。

とくに子どもがいい睡眠をとるには、寝具や部屋の環境などを整えてあげる必要がありますが、寝る前に足の裏や手をマッサージしてあげることも有効です。足の裏や手を揉むことで血流がよくなり、脳の血流もよくなって睡眠効果を高めるからです。

こうした食事や睡眠の改善効果が現われるには、最低でも4カ月続けることが必要です。

全身の細胞は常に新しいものへと作り替えられています。血液も同じです。たとえば、血中の赤血球は入れ替わるまでにおよそ90日から120日かかるといわれています。

ですから、質のよい血液に総入れ替わって脳の体質が変化するまでには、120日、4カ月は食事や睡眠の改善を継続することが必要なのです。

できたら、それを3サイクル、つまり1年間続けてください。確実に血液の質が改善され、脳の体質改善が促進されると、子どもの発育状態も必ず変わってきます。

コツ2 脳内に「我慢」の回路をつくる――最低限必要な社会性

どんな子どもでも、最低限の「我慢」がなければ、社会での生活で苦労をします。周囲に迷惑をかけたり不快感を与えたりすることもありますし、不必要な努力や不快な状況などを強いられることもあるでしょう。

敏感な五感を多用している子どもの場合は特に、「我慢」が足りないために、問題行動を起こしやすくなったり、社会で強いストレスを感じたりすることにつながっています。そして、豊かな才能の可能性を持っているのに、その才能を上手く活用できないことも多々あります。

敏感な子どもは、いつも不安にかられています。これは原因であり、結果でもあるのですが、ストレスのために五感が日常よりも過敏になり、脳が混乱して自己コントロールができなくなります。

すると、ほかの子ができることが自分だけできないという経験をすることが多く、そのために失敗したり怒られたりします。それが新たなストレスになって、さらに問題行動を起こしてしまうのです。

この問題行動のそもそもの原因となっている不安を取り除くには、我慢によって、不安に打ち克つ強さを身につけることが必要です。

しかし、敏感な子どもの場合は、これがなかなか難しいのです。というのも、親自身の体験だけでは敏感な子どもに応じた我慢の教え方がわからず、ふつうに育ててしまうからです。それは、脳が敏感な子どもの我慢を育てるのには適していないことに、親は意外に気づかないことが多いのです。

ここで、ＥＥメソッドですすめている「我慢」の回路のつくり方を紹介します。子どもの気を引きそうなおもちゃを用意し「欲しい？」と聞きます。子どもが欲しいという意思を見せたら、「あげるから、ちょっと待ってね」と言って３つ数えます。そして「１、２、３」と数えたら「はい！」と手渡しして、「よく待てたね」とたくさんほめてあげます。

この「ちょっと待つ」というのが我慢です。これで我慢を体験できたら、次は少しずつ我慢する時間を長くしていきます。おもちゃを「一度返してね」と言って返してもらい、今度は５つ数え、また渡してあげ、我慢できたことをたくさんほめます。

子どもが返すことを嫌がったら無理にとりあげるのではなく、ほかのことに意識を向けるなどして、嫌がらないようになったら返してもらいます。この時間を少しずつ長くしていくと、だんだん我慢できる時間が長くなります。

おもちゃを欲しがるときなどに、数を数えながら手を叩くなどして、待てる雰囲気にすると我慢しやすくなります。これは「楽しく待つ」ための学習です。「待てばおもちゃがもらえる」「待つといいことがある」という回路をつくることで、子どもはワクワクしながら待てるようになります。

こうしたことを続けるうちに、子どもは「待つ」ということを理解し、落ち着いてじっとしていることができるようになります。

日常生活で我慢ができるようになると、社会性が身につき始めます。ただし、日常生活で我慢させることが当たり前になると、せっかく築いた信頼関係を親が壊してしまうこともあります。子どもに我慢させるときに言った約束ごとは、必ず、裏切らずにやってあげてください。もし約束が守れなかったときは、必ず「ごめんね」と子どもに謝ってください。

コツ3 やってはいけないことはしっかり注意——自己コントロール

我慢のほかにも、社会性を身につけるうえで必要なことがあります。とくに、「わがまま」「いじわる」「うそ」「よくばり」の4つは社会化を妨げます。もし問題があると感じたら、その都度、やってはいけないことだと注意するようにしましょう。

その際は、けっして声を荒げたり、大声を出したりしてはいけません。ましてや、ぶったり、叩いたりすると、子どもは心を閉ざしてしまい、逆効果になります。子どもの耳元で2~3回軽くささやくだけで充分です。

コツ4 少しでもできたら気絶するほどほめる――ほめ伸ばし

あなたは、お子さんのよいところをいくつ挙げられるでしょうか?

どの子どもにも、よいところがたくさんあるはずですが、お母さんの考えている「いいところ」「ほめること」の基準が高すぎると、なかなか出てきません。

まずは、わが子が自分の元で生きていることを喜んでください。そうした視点で子どものことを見ていると、本当はたくさんのよいところがあることに気づくことでしょう。

どんな小さなことでもかまいません。ほめるときの目安は、今までの百倍ほめるつもりでほめることです。また、ほめ言葉のバリエーションは多いほうが効果的です。少しでもできたら気絶するほどほめましょう。何度でもほめられていると、お子さんの中に浸透していき、自信が出てきて行動にも現われるようになります。

また、今までできなかったことが少しでもできるような気配が見えたらすぐに、子どもが恥ずかしがって「もういいよ」と言うくらいほめましょう。

ここで、ぜひ使ってほしい「60のほめ言葉」を紹介します。ドンドン使ってみてください。

子どもをほめる60の言葉

よくがんばった
よくやった
うまい
上手
たいしたもんだ
すごい
すごすぎる
すばらしい
やればできる
さすが
あっぱれ
立派
感動した
最高
見事
素敵
かっこいい
賢い
日本一
世界一
天下一
銀河一
宇宙一
Good job！（グッジョブ）
wonderful（ワンダホー）
地球を変えるリーダー
Bravo！（ブラボー）

great（グレイト）
complete（コンプリート）
amazing（アメイジング）
大丈夫
驚きだ
ビックリした
超一流
輝いてる
私の誇りだ
大物
ヤッター

偉い
胸が震える
胸がいっぱい
万歳
エェー！
オォー！
幸せ
涙が出る
おりこう
優れている
優秀

天才
名人
ワクワク
救世主
鳥肌が立つ
完璧
大立者
勝利者
真のチャンピオン
達人
perfect（パーフェクト）

子どもは家庭という「場」を基地にして育ちます。ですから、子どもをほめようと思ったら、まず夫婦がお互いをほめ合うことからはじめるのがいいのです。

ほめられることに慣れている人は、ほめるのも上手ですが、残念ながら、そういうお父さん、お母さんは多くはないようです。まずは今日から、お父さん、お母さんがほめ合うことをはじめてください。未熟だからダメだと決めつけていたところを、未熟だから伸びる可能性があるのだと思ってほめてください。必ず伸びていきます。

できているところはほめなくてよいのです。人間には誰にだって、必ず未熟なところがあります。その部分をほめましょう。先に掲げた「60のほめ言葉」は、お互いのパートナーに使ってもよいのです。

たとえば、「前より優しくなってきたわね。うれしいわ」とほめられると、もっと優しくなろうというエネルギーが湧いてきます。「前より協力的になってきたわね。助かるわ」とほめられると、もっと手伝ってあげようというエネルギーが湧いてきます。「お母さん、前より料理が上手になってきたね。美味しいよ」とほめられると、もっと美味しい料理を作ってあげたいというエネルギーが湧いてきます。

そんなふうに夫婦が自然にほめ合うことができるようになると、子どもをほめる言葉も自然に家庭にあふれるようになります。

コツ5 感情をコントロールする――笑顔がいちばん

親は子どもにとって〝最初で最大の教師〟です。親がその役割を果たすために必要不可欠な条件があります。それは、自分の感情を常にコントロールすることです。そのためにいちばんいいのは、いつも笑顔でいることを意識することです。

笑顔でいることがいいのはわかるけど、お母さん自身がストレスを感じているときなどは、とても笑うような気分になれないでしょう。そんなときは、形だけでもいいから笑顔でいることです。

まず、目線を上に向けることを意識してください。悩みや不安といったストレスを感じているお母さんは、うつむき加減で表情が暗いことが多いのですが、目線を上に保つだけで表情が変わってきます。

次「コツ6」でご紹介する「パワーアップ体操」で体をリラックスさせてください。これで顔の筋肉が緩んできます。たとえ演技であっても笑顔をつくりやすくなります。

仕上げに、鏡を見て口角を上げてみましょう。

笑顔をつくりながら、できるだけポジティブな言葉を使うことも心がけましょう。これだけでも、不安から生じる子どものストレスは、かなり軽減されます。

ただし、子どもに注意するときまで笑顔ではいられないですね。このとき気を付けてほしいのは、興奮しないことです。たとえば、子どもを叱るとき、怒鳴りつける親がいますが、これは親の脳が興奮している状態です。興奮している自分にさらに興奮して、制御不能に陥るケースが多いのです。

「興奮してしまいそうだな」と思ったら、子どもに何か言う前に一呼吸しましょう。深く呼吸すると、肺に新鮮な空気が送り込まれます。そうすると、血中の酸素濃度が上がるので、血圧を上げて血流を増やす必要がなくなり、心拍数が下がります。これで、心臓の負担が軽減され興奮も冷めてきます。

一呼吸している間に、子どもに言うべきことをもう一度チェックすることもできます。後で「言わなければよかった」と思うような後悔をしなくてすみます。

コツ6 親の生命力を上げる——パワーアップ体操を毎日行なう

一般に、生命力の強い親は、子どもの生命力を高めますし、生命力の弱い親は、子どもの生命力を引き下げてしまいます。とくに、脳が敏感な子どもほど、親の生命力に強く影響されます。面談をしていても、子どもが親の感情だけでなく、親の心身の体調不良まで敏感に感じとって影響されているケースが多いのです。

反対に、こうした子どもは親の生命力を上げることで、みるみる改善していきます。そのために、EEメソッドでおすすめしている体操があります。1章でご紹介した、パワーアップ体操（62、63頁）です。

体操といっても30秒程度で誰でもできる簡単なものです。ぜひお母さんが率先してやってみてください。指先がジーンとしてきて血流が非常によくなります。お母さんが楽しそうにやっていると、子どもも自然に真似するようになります。そうなれば、子どもの脳の血流もよくなり、もっと伸びるようになります。

コツ7 脳の働きをコントロールする――〝学習ホルモン〟の分泌

せっかく子どもと一緒に学習しようとしても、思うように反応してくれないと、親はストレスを感じ、つい怒ってしまうこともあります。しかし、脳が敏感な子どもの前では、絶対に怒ってはいけません。ふつうの子ども以上に強いストレスを感じるからです。

ストレスを感じると、子どもの脳内ではアドレナリンが分泌されます。アドレナリンは闘争ホルモンなので、脳が興奮し、脳の働きがコントロールできなくなります。こうなると、学習どころではなくなってしまいます。

過剰なストレスのことを、別名「キラーストレス」ともいいます。「NHKスペシャル」で、強いストレスは病気の原因となると伝えていましたが、確かに脳の細胞や血管を破壊するほどの強い作用が起きると考えられています。

子どもの脳の働きをコントロールするには、脳にできるだけストレスをかけないようにすることがとても重要です。そのためには、先にもお話ししたように、気絶するほどほめることや、お母さんの笑顔が大事です。

そのほかに、「あなたはいい子ね」と三度繰り返しながら、10秒間ほど強く抱きしめるのもよい方法です。敏感な子どもは不安や孤独を感じやすいので、お母さんの体温が伝わると安心するのです。

10秒という時間は、短すぎずに「しっかり抱っこしてもらった」と感じられる時間です。それよりも長いと、子どもが飽きてしまいます。もちろん、飽きなければもっと長く抱きしめてあげてもよいでしょう。

最初は10秒間でも嫌がって逃げてしまうかもしれません。そんなときは、諦めずに辛抱強くくり返してください。そのうち必ず、素直に受け入れるようになるでしょう。

就寝時にお母さんと同じ布団で寝るのも、お母さんの体温を感じられるので、これも子どもの脳にストレスをかけないよい方法です。

さらにもう一歩踏み込んで、大脳生理学に基づいて、子どもの脳の働きを効果的にコントロールするコツがあります。楽しさを感じるとき、子どもの脳内にはドーパミン、セロトニン、エンドルフィン、ギャバといった快楽ホルモン（学習ホルモン）が分泌されます。これは大人も同様です。快楽ホルモンが分泌されたときに学習をすれば、効果的に学習できます。

昔から子育てのコツは「くすぐり」だと言われているのも、快楽ホルモンが出るからです。

テーマパークのような楽しい場所で子どもと1日一緒に過ごすと、良い効果が見られると、何人ものお母さんが報告しています。ですから、家中をテーマパークのように楽しい雰囲気にすると、快楽ホルモンの分泌が高まって子どもの学習効果も高まります。ぜひ、試してみてください。

これまでの教育は、強い軍隊をつくるために兵士を訓練する18～19世紀の教育方法に基づいています。「スパルタ式」に代表されるようなストレスをかける教育です。日本の明治以降の教育も、その本質はこれと変わりありません。

しかし、スパルタ式の教育では、とくにストレスに過剰反応する敏感な子どもは救われません。ほとんどが潰れてしまいます。

人間は、大脳で学びます。ですから、21世紀の教育法としてそろそろ、大脳生理学や心理学の研究成果を参考にしたアプローチをし、脳科学に基づいた教育プログラムを実践してもよいのではないか、と私は考えています。

コツ8 子どもをよく観察する――発達検査表の活用

家庭教育において、親がもっとも大切にしなければならないのは、子どもを誰よりも詳細に観察することです。ほめるにしても、子どもの集中力を見極めるにしても、子どもをよく観察することが基本です。それなくして、子どもを伸ばすことは成功しません。

私たちが日常使っている漢字は、とてもよく考えられて作られています。親という漢字を細かく分解してみると、右側のつくりは「見」です。子どもをよく見ることが親の大事な仕事であると教えています。

それもただ見るだけではありません。詳しく観察するのです。左側は「立」と「木」から構成されています。親がいろいろな経験や知識を通して「人間としての木」を伸ばし、「その上に立って」子どもを見ながら、よりよく伸ばすことができる。私は、親という漢字にはそういう意味が示されていると考えています。

ですから、子どもをよく観察するには、まず親が自分自身を育てなくてはなりません。

とはいえ、何の目安もなしに子どもを観察するのはなかなか難しいことです。そこでEEメソッドでは、独自に「発達検査表」を作製し、子どもの発達状態を客観的に見ることができるようにしています。

本書の2章にあるのは、その普及版ですが、これでも子どもを正しく観察する助けになりますので活用してください。

コツ9 母親が主導する――家庭は〝奇跡の学校〟

私は、家庭が〝奇跡の学校〟になってほしいと願っています。誰より子どものことを考え、観察し、愛情を込めて接することができるのが親であり、母親主導の指導こそが子どもの成長に奇跡を起こせると考えているからです。

もし、外部の専門家が先の発達検査表を使って子どもを観察したら、どんな結果になるでしょうか。おそらく、○や△ははるかに少なくなると思います。発達障害のある子なら、だから改善しないと結論づけることが多いでしょう。

子どもの可能性を信じて、愛情を込めて子どもと接している母親が観察すると、○や△の数は全然違ってきます。少しでも可能性を感じたら○や△を付けますし、△は○になるよう働きかけます。私が面談で「お子さんはエジソンにだって、アインシュタインにだってなれますよ」とお母さんにお話しするのは、誰よりお母さんが主導しなければお子さんは伸びませんと伝えたいからなのです。

コツ10 脳のメカニズムに適した生活に変える――脳にいいこと

脳は人体で使う全エネルギーの20~30%を消費すると言われています。にもかかわらず、どのような生活をすれば脳の働きを活性化できるのか、どんな生活が脳の活動を妨げるのかについては、あまりにも無頓着な人が多すぎると思います。

その一つが脳に必要な食生活です。大脳生理学的に考えて子どもの脳の発育には、どんな栄養が必要なのか。このことへの認識が、家庭の食事にも学校の給食にも不足していると言わざるを得ません。

五感から入った刺激は、生物電気に変換され、神経線維を通じて脳にまで伝わります。

脳細胞と脳細胞をつないでいる接合部をシナプスといいますが、厳密にいうと、直接つながっているわけではありません。神経伝達物質であるアセチルコリンを脳細胞が分泌し、それをもう一方の脳細胞の糖鎖（細胞のアンテナのようなもの）がキャッチすることで刺激が伝わります。

たとえるなら、脳へ伝えられた五感の刺激は、アセルチルコリンというボールと糖鎖というグローブを使い、脳細胞間でキャッチボールすることで、伝えられているような感じです。

もしボール（アセルチルコリン）が不足するとキャッチボールが頻繁に行なえなくなりますし、グローブ（糖鎖）が不足するとうまくボールを受け取ることもできません。どちらが不足しても、脳の働きは低下してしまうのです。ですから、脳の働きを活性化するためには、アセルチルコリンと糖鎖を意識的に補うことが必要なのです。

アセチルコリンの原料になるのがレシチン（細胞膜の主成分）です。ラットを使った最近の生態反応試験では、「レシチンを多く摂ることによってシナプスの数が増え、記憶力、集中力、学習力が25～30％上がる」ことがわかりました。また、アメリカのある大学の研究では、精神的な健康に問題がある人の脳に含まれているレシチンの量は、健康な人の2分の1程度だったという報告もあります。

糖鎖は、ノーベル化学賞受賞者の田中耕一さんの研究でも有名になりましたが、今なお研究が進められており、非常に重要な働きをしていることが判明しつつあります。

細胞膜には産毛状のものがビッシリ付いています。8種類の糖タンパクの鎖状のものです。これが糖鎖です。先ほどキャッチボールにおけるグローブにたとえましたが、簡単にいうと細胞間のコミュニケーションツールです。

脳の活動には脳細胞同士のコミュニケーションをより密にしなければなりませんが、脳をストレスから守るためにも必要です。とくに脳が敏感な子は大人の何倍も敏感で、感覚から入るストレス（外敵）も人一倍多いのです。脳細胞同士のコミュニケーションを密にする必要があるため、糖鎖の原料となる糖鎖栄養素をより多く摂ることが必要なのです。

糖鎖栄養素を多く含む食品は、大豆、果物、海藻、アロエ、うなぎ、穀物や果物の皮、カニの甲羅、エビの殻、ツバメの巣などです。私は納豆に卵黄とメカブを混ぜたものを朝食のメニューに加えたり、豆乳のヨーグルトにカエデ樹液100％のメイプルシロップを混ぜたものをおやつにしたりすることをおすすめしています。それでも食事だけでは不足しがちになりますから、サプリメントを使って摂るとなおよいでしょう。

脳に必要な栄養素を運ぶのは血液です。そのためには血液の質を高める食生活を心がけることです。それとともに、脳の血流をよくすることです。それにはぐっすり眠ることがいちばんです。

まずは4カ月間を目安に、食事の質を高めることと、より深い睡眠がとれるよう努めてください。1年も続ければ、脳の働きが相当変化してきます。

血流をよくするためにはしっかり呼吸して酸素をとり込むことも必要です。酸素は食べ物を燃焼させてエネルギーに変える働きをします。ですから、大量のエネルギーを必要とする脳にこそたくさんの酸素を送り込まないと、十分に働けないのです。

一般的に、人は緊張すると呼吸が浅くなります。とくに脳に敏感な子どもほど日頃から緊張することが多いため、呼吸が浅くなりやすいのです。これでは脳へ十分な酸素を送り込むことができません。

酸素をたくさん体内に取り込むためには、深呼吸がいちばんです。一日に数回、腹式呼吸で深呼吸するだけでも大きな違いが現れます。まずは思いっきり空気を吐き出し、次はお腹をふくらませるように意識して空気を吸い込みます。再び吐くときは、肺の中の空気をすべて吐き出すつもりで大きく息を吐きます。これを数度繰り返すだけで、脳へ十分な酸素が行き渡ります。

これを子どもがやれるようにするには、親が繰り返しやってみせるのが早道です。深く眠ると腹式呼吸になりますし、先ほどお話ししたように血流もよくなります。風《かざ》車《ぐるま》を吹いたり、ヘビ笛を吹かせるのもオススメです。

コツ11 腸の機能を高める――腸は第二の脳

最近、食物アレルギーを示す子どもが増えていますが、私がとくに危惧しているのは脳のアレルギー反応です。

アレルギーを引き起こす原因物質（その多くはタンパク質です）のことを、アレルゲンと呼びます。とくに三大アレルゲンといわれるのが牛乳に含まれているカゼインと、小麦に含まれているグルテンと、鶏卵に含まれるタンパク質です。このうち、カゼインとグルテンの二つを除去しただけで、子どもの発達障害が消えたという事例がアメリカで報告されています。

「どの物質が、子どもの脳のアレルゲンになっているか」を調べるには血液検査がおすすめです。その際、即発性のアレルギー検査が注目されがちですが、それだけでは不十分です。遅発（遅延）性のアレルギー検査も同時にしてください。遅発性のほうが、知らないうちに起きている脳のアレルギー反応に影響するからです。

EEメソッドでは、牛乳や小麦粉に加え、安価な卵や白砂糖も注意するよう指導しています。最近はとくに、卵にアレルギー反応を示す子どもが増えています。これは卵を産む親鳥の飼料に問題があると考えられます。

しかし、卵黄はレシチンや糖鎖を摂るためにもよい食品なので、アレルギーがなければぜひ良質のものを摂るようにしてください。卵にアレルギーがある場合は、サプリメントで補うのもいいでしょう。

脳のアレルギー反応を防ぐには、腸の機能を高めることも重要です。胃で消化された食べ物は腸（小腸）で吸収され、血液によって脳へ運ばれます。腸の機能が高まると、脳に必要な栄養素だけを吸収してくれます。また、小腸には体に入ってくる細菌と戦う免疫細胞をつくる器官も集中しているので、この点でも腸の機能を高めることは大切です。

とくに子どもの腸の働きを著しく低下させる存在があります。それが、「胎便」です。胎内の子どもには、母親の血液を通して栄養が送り込まれますが、そのカスが胎便です。通常は出生後に母乳を飲むと子どもの腸からはずれて体外へ排出されますが、排出されないと腸の栄養吸収の働きを阻害します。この有害な胎便をはずすには、フラクト・オリゴ糖を含んだ食物繊維が役立ちます。

★積極的に摂りたい食品・サプリメント

大豆、果物、海藻、アロエ、うなぎ、穀物や果物の皮、カニの甲羅、エビの殻、野菜、七分づきの玄米、納豆、味噌、小魚、青魚、こんぶ、スルメ、メイプルシロップ、大豆レシチン、リゾ・レシチン、糖鎖、食物繊維、EPA、DHA

★避けたい食品

パン、スナック菓子、ジュース、インスタントラーメン、ジャンクフード、添加物、化学調味料、白砂糖、マーガリン、牛乳、乳製品

コツ12 体を冷やさない――血流改善

脳の血流をよくするには、体を冷やさないことも大切です。また、腸の機能低下を防ぐには腸を冷やさないことも大切です。

冷たいものは内臓を冷やしてしまうので、できるだけ冷たいものを飲み食いさせないように心がけましょう。そして、体温に近い37度前後の温かい白湯か麦茶を、起床後と就寝前に飲ませるようにしましょう。

起床時には100ccくらい飲ませます。これは、寝ている間に蒸発した水分を補うためです。水分が足りなくなると血液がドロドロになり、脳で血流障害を起こします。

就寝前も、100ccくらい飲ませましょう。これは内臓を温めて、深い睡眠を誘導するためです。睡眠が深くなると疲労回復に使われる成長ホルモンが多く分泌されて、疲労した脳の回復が早くなります。

体には9万キロメートル以上、すなわち地球2周以上もの長い血管が張りめぐらされています。大半は毛細血管です。

血管は、過剰なストレスで収縮してしまいます。とくに脳が敏感な子どもは、人一倍ストレスを感じていますから、血管が収縮しやすいのです。私の長年の研究では、発達障害のある子は体が硬い子がとても多く、便秘がちです。血流も悪くなっています。ですから、体を冷やさないようにし、意識的に温めることが大切です。

コツ13 バスタイムを活用する——学習効果が高まる

血流がよくなると学習効果が高くなります。これは発達障害のある子に限らず、どの子どもでも、また大人でも同じです。また、血流がよいと精神状態もよくなり、交友関係もうまくいきます。

大脳生理学上、脳の血流がよくなると、神経物質による情報交換の効率が高まります。先述したパワーアップ体操や、散歩や縄跳びなどの軽い運動を学習前にしておくと効果的なのも、血流がよくなって学習効果が高まるからです。

実は、脳の血流がいちばんよくなるのは、入浴のときです。全身を温めますから、収縮していた血管がほぐれて、血液が滞りなく全身を巡るのです。俳優がお風呂でセリフを覚えるという話をよく耳にしますが、これも理に適っています。お風呂での学習効率は、少なく見積もっても5割増しだと私は考えています。

そこでおすすめしたいのが、「10分間バスタイム学習法」です。

いつもよりも1度ほど低めのお湯に浸かり、子どもを伸ばす言葉シャワーをかけます。これによって、脳内の神経回路の形成が促進されます。「落ち着いてきているね」「トイレでおしっこができるね」というふうに、できるようになってほしいことを言葉にしてもいいし、「あなたには○○の力があると思うよ」と、子どもの可能性を信じ、伸ばすような言葉がけもよいです。どんな言葉がいいか、例を挙げておきますので、活用してください。

子どもの可能性を信じ伸ばす言葉

- 最後までやりとげる
- 失敗から学びチャンスに変える
- 物事を受け止め忍耐する
- 自ら進んで物事に取り組む
- うまくいかないとき、うまくいく方法を考え、工夫する
- 自分の感じていることや思っていることを言える

・最後まで一所懸命にする
・美しいと感じられる
・新しい物を発見する
・うまくいくかいかないかを判断する
・ごめんなさいと言える
・お金を大切にする
・好奇心が旺盛
・自分を信じる力がある
・感じ、受け取る力がある
・楽しむ力がある
・行動力がある
・人を優しく思いやる
・人を大切にする
・命を大切にする
・表現力がある
・感謝の言葉が言える
・自分で決めて行動する
・心を込めてありがとうと言える
・ものを大切にする
・自分で起きられる
・物事を見極められる
・リズムに乗り楽しめる力
・自分で食べる
・チャレンジできる
・イヤなものはイヤと言える

このような言葉かけのほかに、ひらがなや数を覚えたり、量や空間認識などの理解を促す働きかけでもいいでしょう。簡単な計算やかけ算の九九などでもよいでしょう。発達の段階に応じて、体の部位や世界地図などを使ってもいいでしょう。そんなふうに、どんどんインプットしていきましょう。

ただし、のぼせてしまっては逆効果ですから、時間は長くてもせいぜい10分間にとどめておきましょう。1日たったの10分間ですが、1年間では3650分＝60時間以上です。やるとやらないでは、雲泥の差です。

コツ14 ふくらはぎ・足裏・手のひら・脊髄をマッサージする——スキンシップが増える

足は「第2の心臓」と言われています。血液は水分ですから、流れないと体の下の方で沈んでしまいます。これを体の上部へ押し上げて血流をよくするのが、ふくらはぎなどの筋肉です。それがポンプとなって、体の上のほうへと血液を送り返していきます。ですから、子どものふくらはぎをマッサージしてあげると、血流をよくすることができます。足裏や手のひらのマッサージも血流をよくします。

就寝前に、ふくらはぎや足の裏、手のひらなどをさすったり揉んだりしてあげましょう。これで血流がよくなって全身が温まり、スムーズに睡眠に入れるようになります。

背骨にそって腰（尾てい骨の少し上のあたり）から首筋に向かって背中を撫でるようにさすってあげる脊髄マッサージも非常に有効です。脊髄は脳とともに中枢神経を構成する大切な器官です。服の上からでもいいですし、入浴時にお風呂で行なってもよいでしょう。

こうしたマッサージはスキンシップとしてもたいへん有効です。あまり難しく考えずに、一日に何度でも、気づいたときに気軽に行なってみてください。

コツ15 プラスマインドを維持する――成功理論のエッセンス

世界中で成功に関する著書が無数に出版されています。これらの著書に共通しているのが「プラスマインド」です。私にも『成功脳のつくり方』という著書があります。「プラスマインド」は、前向きな視点、前向きな思考、前向きな言動、前向きな態度、前向きな行動をもたらします。成功するには、このプラスマインドを継続することが必要です。

育てにくい子どもを伸ばすのも同じです。親がプラスマインドになって働きかけを続ければ、短期間で子どもを伸ばすことができます。たとえば、子どもの長所を5分以内に10個書き出してみてください。8個書けたら、合格ですが、書けなかったらもっとよく、子どもをプラスマインドで観察しなければいけないと反省してください。

また、子どもの発育について不安や迷いで心が落ち込んでいるときは、先述したように、鏡を見ながら口角を上げて笑顔をつくってみましょう。フリでもいいから続けているとプラスマインドになってきます。

子育てに関して、絶対にやってはいけない禁止事項があります。これが守れないと、子どもを伸ばすことは難しくなります。

それは「他の子どもと比べる」ことです。誰しも、他人の人生を生きることは不可能です。ですから、そんな無駄なことに貴重な時間とエネルギーを浪費してはいけません。そんなことをする時間があるのなら、子どもの可能性に挑戦しましょう。発達検査表の△の項目の中で、もうじき実現しそうなことに取り組んでください。

経営の神様といわれた松下幸之助さんは、「成功するまでやり続ければ、失敗は無い」という名言を残しています。世界の発明王と言われるトーマス・エジソンも、白熱電球を世に出すまでに、５０００回以上の実験を重ね、ついには成功に辿り着いています。

子どもの心をプラスマインドにするには、「夢」を与えることが大切です。

子どもにおもちゃを与えてもすぐに飽きてしまうことがありますが、それは、そのおもちゃを得る前の「夢」が不足しているからです。子どもがおもちゃを欲しがったら、すぐに買い与えてはいけません。「いついつ買いましょう」と、おもちゃを得るタイミングを未来に設定します。

そして、その日が来るまで毎日、「夢」を語り合いましょう。そのおもちゃを使ってどんなふうに遊ぶか、どう使うのか、どんなときに遊ぶのか、どこへ置くのか、誰と遊ぶのか、などと「そのおもちゃが手に入ったらどんなにうれしいか」を親子で語り合うのです。そうすることで、そのおもちゃは「夢いっぱいのおもちゃ」になります。夢いっぱいのおもちゃが手に入ったら、子どもはずっと大切にします。

そうして「夢」をもつようになると、子どもの心は自然にプラスマインドになっていきます。

コツ16 親バカになれ――子どもの可能性を信じ尽くす

ＥＥメソッドで発達検査表の各項目を判定するときは、必ず「親バカ」になってチェックしてくださいとお願いしています。判定基準を厳しくすると、◯どころか△も付きにくくなるからです。△が少ないと、もう少しでできそうと取り組む対象は少なくなります。取り組みの対象が少ないと、子どもを伸ばす機会も減ります。

実は発達検査表の項目は、やってみたことがないことが多いのです。「やってみたことがない＝できない」と決めてしまうと、できないことばかりと思い込んでしまいますが、親バカになって△をつけ、実際にやってみると意外とできてしまうことが多いのです。

ですから検査表に記入するときは、まだかなと思っても親バカになって△をつければいいのです。親バカになって◯をつけてもいいのです。数カ月経って振り返ったら△が◯になっていたり、どうかなと思った◯がしっかりした◯になっていたりすることでしょう。

まだダメだと厳しく判定しても、子どもを大きく伸ばせません。取り組む対象が少なくなり、伸ばす機会が乏しくなるだけです。これでは本物のバカ親です。

子どもが親にいちばん求めるものは何でしょうか。それは、笑顔とほめ言葉です。子どもの判断基準は五感に基づくもので、「快」「不快」の感覚です。親が与える笑顔とほめ言葉が「快」の感覚をもたらします。ですから、親が笑顔でほめると、子どもはますます「快」を求めて行動するようになります。

一方、子どもは「不快」の感覚を極力避けようとします。厳しい判定による厳しい指導や叱責はどんな子どもにとっても「不快」になることは明らかです。とりわけ脳が敏感な子ども、発達障害のある子どもの場合は「不快」の感覚を人一倍強く感じやすく、場合によってはパニック状態を引き起こします。

EEメソッドでは、少しでもできたら、親バカになって気絶するほどほめてくださいとお願いしています。ただし、このとき注意してほしいことがあります。先にほめ言葉を紹介しましたが、同じ言葉を繰り返すのではなくできるだけたくさんの言葉でほめてほしいのです。

それから、真剣にほめることです。親が真剣でなければ、子どもは反応しないからです。

コツ17 8割主義で取り組む——継続を優先

子どもを伸ばすには、完璧を狙ってはいけません。1回限りの完璧よりも、80%の完成度で継続するほうが子どもを楽しく伸ばすことができます。

発達検査表についていえば、たまたま1回できただけでも○でよいのです。できる可能性が確認できたからです。完成度が80%のレベルで○にしてもいいですし、まだまだ先が遠くても、できそうだなという兆しが見えたら△です。

こうして8割を合格点に設定すると、ドンドン前に進むことができます。さまざまなことに挑戦できる機会も増えます。実は、これがとても大切です。子どもは、やらないからできないだけで、やってみるとできるということが多いのです。

100%になるまではダメと思い込んで同じことを繰り返していると、子どもは飽きてしまいます。飽きるとストレスになりますので、見向きもしなくなります。それでも無理強いすると、パニックになります。子どもがパニックをたびたび起こすようになると、親もイライラすることが多くなるでしょう。

そこそこで合格させて次のことへ進めば、子どもは飽きませんし、そのほうが結果としては伸びていくのです。

食事の改善でも8割を目指しましょう。たとえば、牛乳に含まれているカゼインや小麦に含まれているグルテンはアレルゲンの代表ですが、これらを100%除去しようとしたら、外食などできません。せっかく子どもに落ち着きが出てきて外食も楽しめるようになってきたのに、アレルゲンを完全除去しようと外食をまったく避けたら、せっかくの楽しみがなくなってしまいます。

このように、8割主義で続けることが大切なのです。ですから、EEメソッドは、何でも8割主義です。2割は手を抜いて良いのです。そのほうが最終的には大きな力になるのです。

EEメソッドに取り組む前に

EEメソッドについては、エジソン・アインシュタインスクール協会のホームページでも、基本的な取り組みについて紹介しています。

また、家庭でＥＥメソッドを実践するのを支援する体制も整えています。詳しくは、ホームページでご確認ください。全国各地で開催しているセミナーの日程なども掲載しています。

http://gado.or.jp/

ホームページにアクセスしますと、簡単に無料会員に登録できるようになっています。登録いただいた方には一定期間、無料で会報誌をお送りしています。皆さんの家庭教育のご参考になることと思います。

エジソン・アインシュタインスクール協会には、２０００件を超える改善事例データがあり、私たちはそれらをもとに、より効果的な指導法を探求し続けています。指導相談の実績は８年間で５０００組にも上ります。その中からは、普通レベルで成長してくれればという親の期待を越えて素晴らしい能力を発揮している子どもたちがたくさん育っています。

発育が遅い、言葉が遅い、学習できない、さらに発達障害があるという子どもほど、早く取り組むことで伸びる可能性が大きくなります。

現状の医療では１歳児健診時や３歳児健診時に発達に問題があると診断をくだすこ

とに非常に慎重です。また、軽度の場合には検査をすり抜けてしまうことも少なくありません。そのために取り組みを始めるのがどんどん遅れていきます。少しでも普通の子の発育と違うと思ったら、本書を参考にして、子どものために何が必要かを考えてください。

もし、子どもが非常に敏感であるとしたら、それ自体が問題なのではなく、その子に適した育児、適した家庭教育を行なえばよいのです。敏感な感覚を活かした育て方を実践すれば、子どもを楽しく伸ばすことができるのです。

基礎能力の形成について

これまで述べてきたことからわかっていただけると思います。子どもの基礎能力を伸ばすことがその後の成長の土台になります。それは、どんな子どもにも当てはまります。その意味で、ＥＥメソッドは発育が遅い、言葉が遅い、学習できない、発達障害&グレーゾーンといった子どものための教育法だけではありません。どんな子も能力を伸ばし天才性を発揮するようになる教育法なのです。

特別対談

5

「子どもの脳は母親の潜在意識で育つ」

１９８０年の創設以来、日本人の心の再生、とくに教育の根幹をなす家庭の重要性について訴え、生涯教育を進めてきたのが「公益社団法人スコーレ家庭教育振興協会」です。同協会は、独自の教育システムとカリキュラムによって、人間としていかにより良く豊かに生きるかを学ぶ自己教育の場を提供してきました。

その一つとして

「子どもを育てるうえで大切なことは、目先の成績の良し悪しよりも『性格の良い子』を育てること。性格が良ければ自分からすすんで勉強するし、たとえ勉強が苦手でも他の分野で伸びる」

という考え方をベースに、家庭教育の充実の啓蒙、実践に取り組んでいます。

人づくりの基本は家庭教育にあるという考え方は、エジソン・アインシュタインスクール協会と共通しています。

この章では、二人の著者（エジソン・アインシュタインスクール協会代表鈴木昭平スコーレ家庭教育振興協会会長永池榮吉）が「子どもの脳は母親の潜在意識で育つ」をテーマに対談します。

●子どもの長所をスーパー長所にする

永池　エジソン・アインシュタインスクール協会という名称には、どんな由来があるのですか？

鈴木　エジソンもアインシュタインも、どうやら知的障害児だったらしいのです。それが、エジソンの場合、家庭教育によって、社会的に活躍し、人類の歴史を変えるほど優秀な人間になっている――それが我々の目指すイメージにぴったり来るということで決めたのです。

永池　なるほど。

鈴木　ですから、私たちは子どもたちを障害児だとは思っていません。「天才の卵」だと思って指導しています。

永池　それは素晴らしい考え方ですね。私たちは当初、国際スコーレ協会として出発しました。それには、二つ意味がありました。

一つは、宇宙船地球号の中にはジャパンのボックスもあれば、アメリカのボックスもあれば、チャイナボックスもある。いろいろボックスはあっても、宇宙船の中ではルールは一つじゃないか。そうした地球倫理というものを目指すということ。

もう一つは、世界は、別に日本がなくても成り立つけれども、日本は世界がなければ成り立たない。そこで世界のために日本は何をなすべきか。それには世界のために役立つ国づくり、日本人づくりが基本であり、それを日本人の倫理観の根底に置くということ。

そのための家庭教育では、子どもの短所を直すという発想じゃなくて、長所をスーパー長所にしていく。これが我々の家庭教育の基本的な考え方です。ですから、貴協会とは非常に相通ずるものが感じられますね。

●障害児が100点満点とる！

鈴木　ありがとうございます。ところで最近ほんとに敏感なお子さんが多くなっています。どう育てればよいのか困っているお父さん、お母さんも増えています。そういうお子さんを何とかできないかと思っていたところ、実はやり方を工夫すると、いくらでも伸びることがわかったのです。

その実践の結果、障害児と呼ばれた子どもたちが今、小学校、中学校で100点満点を取ってくるというような、びっくりするというか、素晴らしい結果がどんどん出始めているのです。

あるお子さんは、支援学級に入ってしまったんですが、エジソン・アインシュタインメソッド（EEメソッド）をお母さんが始めると、小学校の3年生から普通級に移動できたのです。※さらに4年生の時には、東大の「異才発掘プロジェクト」のホームスカラーに選ばれて、指導を受けることになりました。

私は当初から、家庭教育こそ教育の基本であると考えてきました。その延長線上に、

※この年、プロローグで紹介した大井くんと小学4年生のお子さんの二人がホームスカラーに選ばれた。

ＥＥＳ協会の活動もあると考えています。貴協会との共通項もこのあたりにあるのではないでしょうか。

●家庭教育に影を落とした個人主義教育

永池　そうですね。学校教育の崩壊も家庭教育の崩壊に原因があります。戦後の教育を作ってきた流れというものを見ていきますと、一つは個人主義教育ですね。これはプラスとマイナスの両面あります。個人の尊厳性や人権を重視するという考え方、それはそれで素晴らしいものです。

ただ、本来個人主義というのは、国家主義に対して言うべきことなんです。ところが戦後の日本では、個人主義が家族を壊すという弊害をもたらしました。「家族主義に対する個人主義」というのが、戦後日本の方向だったように思います。

●家族を主体とした倫理感をもつ日本人

永池　欧米の個人主義というのはキリスト教の倫理観を根っこにもっています。日本では、戦国時代以来何度かキリスト教の熱心な布教がなされました。けれども、クリスチャンになる人はごくわずかしかいませんでした。

それは神・自然・人間を一体とする日本人の感性そのものが、それを拒絶したのでしょう。

また、歴史的にみますと、神道、仏教、儒教などは、その根元にあるのが、家族を主体とした倫理観なんですね。

現在、先進国・欧米の家庭はみんな次々と壊れてるのに、日本はまだ何とかかろうじて保っています。

でも相当おかしくなっていることも事実です。今後、他のアジアの国々も、日本の後をたどるのではないかという危惧はあります。

●環境悪化で障害児が増え続けている

鈴木　地球規模で環境が悪化して、子どもたちが育つ環境がどんどん悪くなっていると思います。そういう中で、脳が敏感な子どもたちが多くなっています。

その原因の一つは環境汚染にあると思います。食品に含まれる化学物質の増加、重金属の体内蓄積、電磁波、放射線の影響などが母体を変化させ、それが胎児に直接影響します。

高齢出産が増えていますが、高齢のお母さんは低体温になりがちです。それが赤ちゃんが低体重児になる原因の一つになっているようです。

こうした問題を一刻も早く何とかしないと、子どもたちの未来がなくなります。子どもたちが活躍できない未来社会というのは、悲惨な時代でしかありません。ですから私たちは子どもを救うことで、未来を救おうと考えています。

●子どもにとって最初で最大の教師はお母さん

鈴木　おかげさまで、これまでに約2000の改善指導を達成することができました。お父さん、お母さんに、どんなに育てにくい子どもでも「あなたのお子さんは天才性をもっていますよ」とお伝えしたい。そして「それを指導できるのは、お父さん、お母さんなんですよ。子どもにとって最初で最大の教師はお母さんなんですよ」と訴えたいのです。奇跡は小学校、中学校で起きるんじゃなくて、家庭で起きることを実感していただきたいのです。

発育障害のあるお子さんをおもちの親御さんは、本当に苦しんでいらっしゃいます。この子を抱えて電車に飛び込もうと、みなさん1回は思ったことがある、と言います。その方々が私どものメソッドの効果を実感した後、「死ななくてよかった。子どもが奇跡的に変わってうれしい。でも、いちばん変わったのは私です」と異口同音に述べておられます。これが我々としてはとても喜びたいところです。

私たちは「親が変わらなければ、子どもは変わりません」と断言しています。親御さんが本気でお子さんの可能性にチャレンジしようと思えば、子どもはまちがいなく伸びていきます。たいへんやりがいのある仕事だと思っています。

永池　やっぱり親ですよね。

鈴木　はい、そうです。特に、お母さんですね。

永池　そのとおりです。

鈴木　やっぱり、先生のご経験でもそうですか。なにしろ子どもはお母さんのお腹の中で育ててもらって、おっぱいももらっていますからね。

●子どもの脳は母親の潜在意識で育つ

永池　結局、新しい生命が芽生えて、それから十月十日《とつきとおか》胎児は胎内で育ちます。この間、母親の潜在意識によって、お腹の子は脳を育てます。産まれてからも母親の潜在意識と子どもの潜在意識はつながっているのです。

当然、子育てをしていくうえで大事なのは、母親の潜在意識の健全さということになるわけです。

この健全さを保つには、ライフスタイルの問題があります。第一に、家庭が平和であること。そして親自身が前向きな気持ちをもって、生きているかどうかということが重要になってきます。

たとえば、子どもが学校に行けない、どうしたらいいのかわからないというのでカウンセリングを受けに来られます。そのとき、まずお伝えしているのは、母親の生活習慣と潜在意識を変えていかないと、子どもは変わらないということです。潜在意識を常に前向きにエネルギッシュにしていくためには、スコーレの学習、研修で説くように、毎日の生活に向かう意識を変えることです。そして、何事にも前向きに取り組むことを習慣にして子どもを育てていく。そうすれば、子どもは必ず変わっていくのです。

●親の「共感力」を豊かにするのが育児の基本

永池　どの親も子どもへの愛情は十分にもっています。問題は、親の愛が愛として子どもに伝わっていない、親子で共感の世界を作り出すことに失敗していることです。その意味では、親の共感力を豊かにしていくことが、育児の基本になります。

それには、子どもを正しく評価することが大事です。これがしつけや育児の基礎になっていると考えています。

その他、夫婦仲をよくしていくことも大事ですし、職場や隣近所の人間関係をよくしていくことも大事です。そのためには、生き方全般の学習も大切です。

●妊娠する前から準備するのが理想

鈴木　私が知的障害児の改善に向き合ったのは、いまお話にあった胎教の考え方ともつながっています。私は「マイナス2歳からの子育て」という考えを広めています。でも実際には、妊娠してからお子さんのことを考える人がほとんどなんですね。

お腹に入って、妊娠に気づくのがだいたい2カ月から3カ月。ところが医学的に調べてみますと、だいたい2カ月から3カ月で人間の基本的な部分はできあがってしまいます。ですから、本当はそこから対応したのでは遅いのです。

妊娠する前から、お母さんの心と体の健康のレベルを上げて、受胎の条件を高めるのが理想です。そのほうがずっとずっとお子さんを伸ばす環境ができるはずです。それが「高齢結婚、高齢出産時代の障害児リスクを減らす」一番の方法ではないかと考えて、本も書きました。

でも、胎教をやる人はめったにいないんですね。

永池 いませんね。

鈴木 「転ばぬ先の杖」を持たないんですね。やっぱり人間、困ってからでないと行動しません。

●若い母親たちに大いに期待

鈴木　ＥＥＳ協会は普及を始めてから８年になるんですけども、実はこのメソッドは、ふつうのお子さんにもものすごく効果があるのです。

ところが普通のお子さんをおもちの親は、やろうとしないんです。困っていないから……。

永池　そういうことなんですね。

うちは全国の教育委員会とか学校を通じて子どもたちにチラシを持ち帰っていただいて、スコーレの家庭教育講座を年間でやってます。講座には来ていただけるんですが、会員になって、母親としての勉強をしようという方は少数です。

ただ、「近頃の若い母親は……」という声もありますが、入会してきた会員を見ますと、ちょっと事情は違っています。

いまのお母さん方は、その親から教えられていないんですね。親の親が問題かなと思っています。

鈴木　そうですか。

永池　ですから、いまの人たちに通じる言葉できちんと語っていけば、わかってもらえるのではないかという期待も大いにもっています。

私は敗戦の年（１９４５年）に小学校に入学しました。それからずっと教育を体験し見てきているわけですが、やっぱり戦後は、人格教育を失ってきたと感じています。家庭でも学校でもですね。

特に男女平等という考え方が広がるにつれて、父親と母親も平等だと考えられるようになりました。父親、母親の役割を語ることが、すごく批判されたこともあります。

鈴木　そうですね。

永池　私はこの問題をイデオロギーの場に下ろされるといけないと思い、人類学の観点から調べてみたのです。

するとと親子関係というのは、最初はメスと子なんです。ある時期から、メスと子の間にオスが加わります。しかもオスが、外敵から母子を守り、食料調達の役割を果たします。そして父親になっていくわけです。

そうして家族ができあがって、家族感情が育まれ、共同生活を通して人間性ができあがるわけです。

そこに近代思想は関係ありません。家庭というのは、尊厳ある人間になるための人格を形成するプロセスの場なのです。近代社会の理念のみで家族の在り方を規定するのは間違っているということがわかったんですよ。

鈴木　なるほど。

永池　人間性の尊厳さと生物としての法則の両方を踏まえて、家族の在り方をとらえないといけないのです。

鈴木　人間は「考える」動物です。「考える」という特性をより深く進化させ、幅広く活用できる特殊な動物が人間なのです。脳の活性度が上がると素晴らしい人生が可能ですし、活性度が下がると、人生の質が下がってしまいます。

脳にトラブルを起こす子が増えているのは、人類にとって大問題です。それで、私は脳に焦点をあて、大脳生理学的なアプローチで子どもを伸ばすことに挑戦してきました。そこからいろいろな改善の突破口が見えてきたのです。

そうした試行錯誤を25年間続けてきました。

今は、小さいお子さんだったら数カ月で大きな変化がみえる、改善するという状態になってきています。ようやく確立したこのＥＥメソッドを何とか、世界中の親に伝えたいという、大きな夢を描いております。

永池　脳に興味をもったというのは？

鈴木　私が幼児教育の道に入ったのは、右脳教育の「七田式」を始められた七田眞先生を知ったことがきっかけです。

永池　七田先生も、幼児教育の分野でいろいろ活躍された方ですよね。

鈴木　私の妻が幼稚園の先生をしておりました。妻が七田式教育に関心をもっていたことで私も学ぶことになりました。妻にはとても感謝しています。

私は七田先生の９番目の直弟子と言わせていただいています。七田先生から人間の脳についての発想を学びました。それが私の一つのターニングポイントになっています。

脳が敏感な子どもほど右脳のほうが活発に動いており、左脳が停滞しています。そこで右脳と左脳のバランスをとるためにどうしたらいいかというプログラムを考えたのがＥＥメソッドです。

数カ月で必ず結果が出るような仕組みを構築しました。それを家庭でできる、誰でもできるようにしました。

永池　なるほど、そうですか。スコーレ協会で扱うケースはさまざまです。小さい子もいれば、中学で不登校になったとか、大学に入ったのに、行き詰ったというケースがあります。対象の特定はしていません。

貴協会が子どもさんの脳の成長にいちばん大事なタイミングを考えて研究し、ＥＥメソッドという形で実らせていらっしゃるというのは素晴らしいと思います。

鈴木　まだまだ未熟ですけれど……。本日は貴重なお話をうかがわせていただき、本当にありがとうございました。

おわりに

親が何より願うことは子どもの自立です。親は順当なら必ず先に死にます。そのとき、残った子どもが自立して生きていける、幸せに生きていけると思えたら……。それには、できるだけ早く、子どもの生きる能力を高めることです。

それには、2章で公開した発達検査表にある「基礎能力」こそ6歳までに身につけるべきであると私は考えています。その90％を達成できていれば、あとはどんなことも自分で学び、自分で伸びていけるようになります。

しかし、この基礎能力が不十分だと、せっかく学習努力しても、本人や親がどんなに頑張っても、空回りしてしまいます。

残念ながら、6歳までに基礎能力を獲得できていない子どもが増加傾向にあります。親にとっては育てにくい子が増えているのです。

「三つ子の魂百まで」という諺があります。人間としての基礎をつくる時期が乳幼児期であると教えているのです。この時期もっとも重要なのが家庭教育ですが、機能不全状態に陥っています。

そのいちばんの原因は、本書で繰り返しているように、子どもの鋭い感覚への対応を誤っていることです。学校教育も同じです。

まず家庭教育において、子どもが基礎能力をきちんと獲得できるようにすることから始めなければなりません。そうすれば、子どもは学校教育にとけ込むこともできるようになります。

公益社団法人スコーレ家庭振興協会の永池榮吉会長が37年にわたる実践指導からおっしゃっているように、親が家庭教育の大切さに気づき、真剣に受け止めて取り組む必要があります。これをしないと、21世紀の社会は大変なことになる。いや、既にもうなりつつあると危惧しています。

最後に、私が理事長をつとめている一般財団法人「子どもの未来支援機構」についてご紹介します。この機構の目的は、「あらゆる子どもたちがより健全に成長して、本来持つ能力を向上させることができるように支援活動を行なう」ことにあります。

そのための事業の一環として、「発達障害児改善教育研究会」が発足しています。この研究会には、医師や看護師、助産師、NPO法人の理事長、カウンセラーなどの専門家たちが参加しています。

「ダウン症児を大学院に進学させる親の会」も発足しています。

今後は、支援学級や支援学校の教諭、幼稚園教諭や保育園の保育士、養護施設や児童デイサービスのスタッフなどを対象にした、発達障害児を改善するための情報交流の場もつくりたいと考えています。

詳しくは、「子どもの未来支援機構」のホームページをご覧ください。

どんな子も天才性を秘めています。そんな子どもたちのサポートをさらに積極的に進めていきたいと考えています。

2017年7月

エジソン・アインシュタインスクール協会代表　鈴木昭平

育てにくい子どもを楽しく伸ばす17のコツ

2017年8月3日　第1刷発行
2017年10月3日　第2刷発行

著　者――――鈴木昭平　永池榮吉

発行人――――山崎 優

発行所――――コスモ21
〒171-0021　東京都豊島区西池袋2-39-6-8F
☎03(3988)3911
FAX03(3988)7062
URL http://www.cos21.com/

印刷・製本――中央精版印刷株式会社

定価はカバーに表示してあります。

ISBN978-4-87795-355-3 C0030